殷开达　陈劲　著

创新的品格

THE CHARACTER OF INNOVATION

生存品格的积极性
认知品格的优秀性
做事品格的执着性
节操品格的理智性
合作品格的关爱性

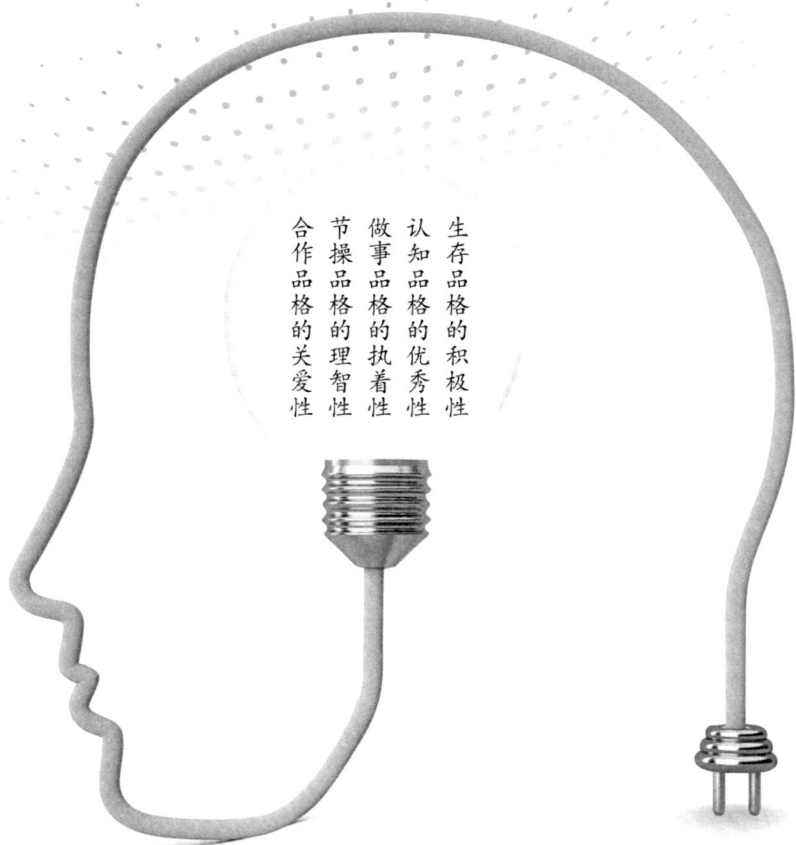

浙江大学出版社
ZHEJIANG UNIVERSITY PRESS

图书在版编目（CIP）数据

创新的品格 / 殷开达，陈劲著. -- 杭州 ：
浙江大学出版社 , 2023.6
ISBN 978-7-308-22722-3

Ⅰ．①创… Ⅱ．①殷… ②陈… Ⅲ．①大学生－德育
－研究－中国 Ⅳ．①G641

中国版本图书馆CIP数据核字(2022)第100698号

创新的品格

殷开达　陈　劲　著

责任编辑	赵　静
责任校对	胡　畔
装帧设计	林智广告
出版发行	浙江大学出版社
	（杭州市天目山路148号　　邮政编码　310007）
	（网址：http：//www.zjupress.com）
排　　版	杭州林智广告有限公司
印　　刷	广东虎彩云印刷有限公司绍兴分公司
开　　本	710mm×1000mm　1/16
印　　张	12.25
字　　数	210千
版 印 次	2023年6月第1版　2023年6月第1次印刷
书　　号	ISBN 978-7-308-22722-3
定　　价	68.00元

前　言
PREFACE

创新是 21 世纪的最强音，创新是引领发展的第一动力，创新驱动已成为中国发展的核心战略之一，也成为决定我国发展前途命运的关键，增强我国经济实力和综合国力的关键，提高我国国际竞争力和国际地位的关键。"创新兴则国家兴，创新强则国家强，创新久则国家持续强盛"的道理从未改变。

纵向看，500 年来，世界经济中心几度迁移，背后的重要力量就是创新。科技创新在哪里兴起，发展动力就在哪里迸发，发展制高点和经济竞争力就转向哪里，现代化高潮就兴起在哪里。经济强国无一例外都是创新强国。

横向看，进入 21 世纪以来，新一轮科技革命和产业变革孕育兴起，世界主要国家争相寻找科技创新的突破口，抢占未来发展先机。激烈竞争中，唯创新者进，唯创新者强，唯创新者胜。

2015 年麦肯锡全球研究院发布的题为"中国创新的全球效应"的研究报告认为，中国的创新规模不断扩大，有潜力坐上全球创新领导者的宝座，甚至有望成为全球创新典范。中国可以更有效地集中力量推动创新，发展成为更加成熟、卓有成效的创新型经济体。研究报告说，中国 2014 年研发投资近 2000 亿美元，从绝对值来看，位居全球第二。中国工程类专业的大学毕业生每年超过 120 万名，位居全球第一，比紧随其后的 5 个国家的总和还要多。2013 年，中国的专利申请数量达82.5 万件，超过了美国的 57 万件，成为全球专利申请最多的国家。这些数据是中国创新的根基和成果体现。

2019 年 7 月，世界知识产权组织在印度新德里发布的《全球创新指数 2019》中，瑞士已经连续 9 年位居创新排行榜首位，创新已经成为瑞士的一张闪亮名片。中国的创新排名由上一年的第 17 位再次跃升至第 14 位，跻身世界最具创新性的前

20 个经济体，是中等收入经济体中唯一进入前 30 名的国家。排在前 10 名的国家分别是瑞士、瑞典、美国、荷兰、英国、芬兰、丹麦、新加坡、德国、以色列。

习近平总书记曾经说过："世界发达水平人口全部加起来是 10 亿人左右，而我国有 13 亿多人，全部进入现代化，那就意味着世界发达水平人口要翻一番多。不能想象我们能够以现有发达水平人口消耗资源的方式来生产生活，那全球现有资源都给我们也不够用！老路走不通，新路在哪里？就在科技创新上，就在加快从要素驱动、投资规模驱动发展为主向以创新驱动发展为主的转变上。"① 另外，迈向现代化强国的进程中，要从根本上解决我国发展方式粗放、产业层次偏低、资源环境约束趋紧等急迫问题，兼顾发展速度与质量、统筹发展规模与结构，关键是要依靠科技创新转换发展动力。如此，方能破解经济社会发展瓶颈，顺利跨越"中等收入陷阱"。

创新归根到底是人才创新，创新驱动归根到底是人才驱动，人才是支撑创新发展的第一资源。各国基于创新的诉求对创新人才寄予厚望，作为人才输出主要渠道的教育机构，如何在这场世界性的创新人才竞争中脱颖而出，并在人才培养数量和质量上满足社会发展及其创新战略的需求？成为社会广泛关注的热点问题。本书从创新人才价值观的研究角度出发，从德性资本的视角挖掘创新、创造的内驱动力，并聚焦于品格视角，探索当下进一步提升创新人才培养水平的理论依据和应对措施，值得在理论研究和实践探索中进一步赢得广泛关注。

什么样特质的人才才能符合创新人才的要求？知识和技能、情怀和价值观在创新的征程中共生并形成合力，才能让创新人才的成长永葆驱动之力。

实践中，高等教育同样陷入创新人才输出不足的困境。高等学校在创新人才培养上的弱势，同其培养的学生在价值观选择上的错位是否存在某种联系呢？或许，影响创新的品格的相关研究可以对上述问题的化解进行一定的探究。基于化解高等教育困境的出发点，笔者在博士生导师陈劲教授的指导下，围绕创新品格相关领域展开了一系列的调查和分析。陈劲教授是创新管理领域中的专家，他对个体品格要素在创新绩效和创新人才成长中的作用之洞见，使本书的撰写和调研具有了更广阔的前瞻性和更深厚的洞察力。

本书在分析创造力研究现有理论成果的基础上，通过理论建构和实证检验，从

---

① 习近平：《在中国科学院第十七次院士大会、中国工程院第十二次院士大会上的讲话》，《人民日报》2014 年 6 月 10 日第 2 版。

品格要素对创新与创造的影响的视角提出"创新品格"的概念并基于品格教育视阈探索新时代教育在创新人才培养上的策略创新。主体内容共有八章：第一章，创新是有德性的创造，包括研究的背景、研究的现状和意义，以及研究内容和方法；第二章，相关理论与文献分析——品格是创新中的积极因素，在文献分析基础上区分界定创造、创新与人格、品格等相关概念，并基于此进一步梳理创造力影响体系理论；第三章，创造力品格——一种独特的创造力影响构成，基于文献初步建构创造力品格的概念及其理论框架；第四章，创造力品格的实证研究设计；第五章，创造力品格调查数据统计分析，通过相关分析和回归分析，检验创造力品格的概念模型；第六章，大学生创造力品格现状分析；第七章，立足品格提升创新人才培养水平的实践建议；第八章，研究总结和展望。总结研究与当下实际的进一步结合，回顾研究的主要收获和创新点，并分析其不足，就下一步的研究进行了展望。

创造力品格的理论研究和实证检验发现：第一，从理论推理得出，个体创造能力受到个体品格中向善的生活态度、知善的认知风格、行善的做事风格、守善的内心修养和善爱的合作感情（关爱）等层面的正面影响。第二，经由具体的调研检验，通过对创造力品格构成的要素分析，将其确定为五个因素：态度方面是"生存品格的积极性"；认知方面是"认知品格的优秀性"；做事风格方面是"做事品格的执着性"；内心修养方面是"节操品格的理智性"；以及在情感领域的"合作品格的关爱性"，并与个体创造力的思维和倾向等层面呈正相关，在此基础上形成回归方程。第三，在创造力与品格的相关辅助调查中发现，创造力指标高的大学生大多数认为人文与艺术类领域是自己的创造价值启发领域，而这个领域同时也是品格教育的关键领域。第四，在国内外品格教育经验与案例的启发下，国内大学基于品格影响的创新人才培养策略包括要侧重教育理念的价值多元导向、正确的创新人才标准、创新思想指导下的多渠道途径建构、重视人文艺术类文化的熏陶以及强调教师的品格示范效应等五大方面的具体措施。

创造力品格是直接影响个体创造价值取向的因素，创造力品格教育不仅可以直接服务于高校的创新人才培养水平提升，更能进一步消除当下高校中的工具理性倾向，澄清教育根本的目标，培养合乎价值理性的创新者。

以德性与品格为土壤，以知识和技术为途径，以民族复兴为使命，在创新的道路上，中国才能大步向前！

目　录

CONTENTS

第一章

创新是有德性的创造

在以知识经济和信息社会为背景的 21 世纪，创新、创造成为时代舞台上最强的音符，创造力被视为未来第一"领袖能力"。当创新与创造被公认为人类社会发展与进步过程中的关键要素时，人类社会发展的历史就是人类不断创新、创造的历史。创新和创造能力不仅能促进一个国家经济增长，在其他国内、国际事务中也能发挥重要作用。

创造力研究在教育、心理和管理三大领域中都是一个重要的研究内容。现代意义上的创造力研究已经有 60 余年的历史了，总结其经验就是一句话——现代社会所有的主要制度机构最终成功与否，或者退一步讲存活与否将取决于两个方面：一是制度架构本身创造性地提出问题和解决问题的能力；二是制度架构吸引、选择并留住创造力人才的能力。

影响我国科教发展战略得失的关键因素是教育中的创新人才培养水平。科技的发展是当今世界各国竞争力的重要指标之一，科技研发人员则是这个指标中的关键因素。为增进我国科技竞争优势，在国家科教发展战略中，必须不断增加对研发领域的资源投入，其关键权衡点在于创新成果的不断产生，而左右这一关键点的重要因素是开发和研究人员的创造力水平。阿马比尔（Amabile）认为，个体创造力是组织创新的主要元素，无个体创造力便无组织的创新，这两者是相互影响的。可见，一个组织如果要具有良好的竞争力，必须先从促进员工的创造力做起。

当下高等教育创新人才培养水平上相对于社会需求体现出乏力与无奈，如何在现代社会需求中继续体现教育在人才输出中的优势，需要从不同的视角进一步深入研究，影响创造力的个体品格要素研究是其中的重要一环。同时，近年来，若干教育领域中的知名学者开始对现行高等教育进行反思，如丘成桐"炮轰"了中国高校大学生的"唯利是图"；钱理群认为，大学正在培养一批"精致利己主义者"；而温儒敏则认为，大学被浮躁的实用主义裹挟，忽视了人生观、世界观和价值观的培养。可见，当代大学教育中理想主义和价值合理性缺失已成为影响当代高等教育质量的重要症状之一。那么，在创新人才培养不足与大学教育中的理想主义和价值合理性的缺失之间是否存在着一定的联系呢？这种可能性是很大的，本书试图从中揭示基于大学生个体的品格要素与其创造能力之间的相关性，探究影响大学创新人才培养水平的策略与建议。

第一节　研究的背景

知识经济和信息社会的发展使人们逐渐认识到，人才的教育不仅要发掘其科学技能，更应当回归品格。

自 20 世纪 90 年代知识经济的源起伊始，人的创新、创造能力就得到进一步的关注和彰显，当世界经济增长主要依赖于知识的生产、扩散和应用后，美国经济学家罗伯特·卢卡斯（Robert Lucas）在其提出的新经济增长理论[①]中将技术进步和知识积累重点地投射到人力资本上。他认为，特殊的、专业化的、表现为劳动者技能的人力资本者才是经济增长的真正源泉。1996 年，世界经济合作与发展组织发表了题为"以知识为基础的经济"的报告。该报告将知识经济定义为建立在知识的生产、分配和使用（消费）之上的经济。其中所述的知识，包括人类迄今为止所创造的一切知识，最重要的部分是科学技术、管理及行为科学知识。从某种角度来讲，这份报告是人类面向即将到来的新世纪的发展宣言——人类的发展将更加倚重自己的知识和智能，以及使知识和智能进一步凸

---

① 新经济增长理论的重要内容之一是把新古典增长模型中的"劳动力"的定义扩大为人力资本投资，即人力不仅包括绝对的劳动力数量和该国所处的平均技术水平，还包括劳动力的教育水平、生产技能训练和相互协作能力的培养等，这些统称为"人力资本"。

显其特殊价值的品格，而个体的创新、创造能力则是整合了知识、技能与品格的合力，也是推进知识经济发展的关键动力。

早在 1935 年 11 月，爱因斯坦在居里夫人悼念大会上的凭吊演讲中讲道："第一流人物对于时代和历史进程的意义，在其道德品质方面，也许比单纯的才智成就方面还要大。即使是后者，它们取决于品格的程度，也远超过通常所认为的那样。"时至今日，这一观念不仅没有因为时间的流逝而显得无力，相反，品格在现代社会的重要性表现得更加突出。知识经济时代，"人"是造成差异的唯一因素。

塞缪尔·斯迈尔斯曾经说过："天才总是受人崇拜，但品格更能赢得人们的尊重。前者是超群智力的硕果，而后者是高尚灵魂的结晶。但是，从长远来看，灵魂主宰着人的生活。天才人物凭借自己的智力赢得社会地位，而具有高尚品格的人靠自己的良知获得声誉。"[①]

一、国际背景

当今世界，以全球化和信息化为代表的知识经济大潮已经成为教育和管理等领域中首要的人才培养背景。

全球化，是指随着社会生产力的不断发展，世界各国、各地区经济，包括生产、流通和消费等领域的相互联系、相互依赖、相互渗透得到进一步加强，以前那些由于民族、国家、地域等因素所造成的阻碍日益减少，世界经济越来越成为一个不可分割的有机整体。它主要体现为生产的全球化、贸易的全球化、金融的全球化和投资的全球化等。全球化不仅有利于促进资本、技术、知识等生产要素在全球范围内的优化配置，而且通过促使各国经济的发展越来越紧密地联系在一起，从而有利于克服封闭、保守、狭隘的观念，促进各国、各民族之间物质、文化和人员的交流，增进彼此之间的理解、沟通、合作和友谊。

信息化，是指新的信息与通信技术普及应用导致的信息传递时空阻碍性的消失，后来也被理解为与此相伴随的社会组织之形式及其属性。我国在

---

① 塞缪尔·斯迈尔斯（Samuel Smiles，1812—1904），英国 19 世纪道德学家、社会改革家，被誉为"西方成功学之父""卡耐基的精神导师"。他先后当过医生、商人、摄影师、历史学家、记者、编辑、铁路大臣和演说家，也是一名畅销书作家，著名作品有《自己拯救自己》《品格的力量》《人生的职责》。

《2006—2020 年国家信息化发展战略》中将信息化定义为："信息化是指培育、发展以智能化工具为代表的新的生产力并使之造福于社会的历史过程。"信息化提供了一个信息更加通畅的平台，在这个基础上，有形的壁垒和阻碍大多走向消失，竞争的立足点相对以往变得更加平等了。网络使信息的分享和个体意见的输出变得更加容易。信息网络把全世界的知识库都连接了起来，也创造出更多的知识工作。在这种情况下，哪一国培养出足够的人才，就能够在信息时代取得优先的立足权。培养适应这一要求的人才，是信息化赋予教育的使命。

全球化和信息化确立的主导价值是创新。全球化和信息化通过确立新的人才标准和能力结构，直接或间接地更新着当下的教育教学理念、教育教学内容体系和教育教学的方法与技术，传统的人才观念和教学内容及方法受到挑战，而创新、创造的理念深入人心。

自从 1950 年吉尔福特（Guilford）在宾夕法尼亚大学为就任美国心理学会主席而做的演说中指出了对创造力研究的忽视这一问题之后，创造力研究取得了飞速进展，尤其是在心理学领域。

二、国内背景

学者夏镇平在翻译创造力大师、心理学家米哈伊·奇凯岑特米哈伊（Mihaly Csikszentmihalyi）[1]的著作《创造性：发现和发明的心理学》时，抒发了一种强烈的感慨：中国曾经和创造离得非常近，曾经有过四大发明，曾经因春秋战国时期的百家争鸣而声名显赫。然而，中国社会的创造力现状却让人不敢乐观面对。在语言上热衷于模仿海外的特殊行为风格，体现出自身文化的创造力匮乏。英语式中文的流行和过于随意化的音译外来词大行其道，这不但不是创新，反而是缺乏创造力的表征。国内收视率较高的省级卫视节目从形式到内容先是港台味十足，后又纷纷哈韩不止，近几年某些节目创意甚至开始直接照搬某些海外媒体的运作主题及其模式；转而看体育赛事，国内的很多球类比赛从赛制安排到啦啦队的设置，全套挪用国外的某种商业性联赛制，甚至连赛场观众的口号声都逐渐被海外赛场上常用的口号替代时，我们才开始反思，我们失去了什

---

[1] Mihaly Csikszentmihalyi 中文也译作 "米哈里·奇克森特米哈伊"，创造力大师。"创造力"（creativity）与 "心流"（flow）是 Csikszentmihalyi 的入门中心思想，也是最为人所称道的创新概念。

么？当我们在愤怒于国家足球队不争气，感慨于国家篮球队与大国形象不符，纠结于国家排球队也难找往日辉煌之时……在具体技术分析上或许我们可以用国际化软肋来掩饰我们的困境，但我们不得不承认，创造进取的品格确实已经离我们很远，尤其是支撑民族文明的自主创新越来越少。用不了多久，我们都会逐渐明白：创造力是一个民族兴盛的根基，也是化解许多重大难题的前提条件，进而言之，创造性水平是能决定一个国家兴亡的关键影响因素。

既然如此，我们就必须寻找创造力和创造力品格在当下中国人身上减弱甚至消失的原因，探索从何处找回国人的创造力。

早期我们不乏创造的典范，并且是有一定的大师风范存在的。早在 20 世纪 30 年代，著名学者陶行知曾进行创造教育的积极探索，发出"人间社会处处是创造之地，天天是创造之时，人人是创造之人"的创造宣言。但是在战乱年代，他的教育思想显然无法得到普遍的推行，但其追求与奋斗也不失造就一代风流之教育绩业。曾获得 1976 年诺贝尔物理学奖的著名物理学家丁肇中 1999 年在北京大学的一次演讲中说道："我所经历的 20 世纪物理学可凝练成四个小故事，每个故事都有各自的结论：'永远对自己充满信心'；'不要盲从专家的论断'；'对意外的现象要有准备'；'要有好奇心，对你所做的事情感兴趣，并为之努力奋斗'。"这样才算是创造者品格修养的典范。

20 世纪 80 年代创造学传入大陆，并迅速传播。相关研究统计表明，从 80 年代开始，创造力研究已经引起了国内学者的关注，此后相关领域的论文发表数量呈明显递增趋势，并于 21 世纪初出现了阶段性高潮，现在已经形成了一定的规模。部分相关研究涉及教育领域，这也是顺理成章的，教育在培养民族创新精神和培养创造性人才方面，肩负着特殊的使命。1998 年我国颁布的《高等教育法》规定："高等学校的任务是培养具有创新精神和实践能力的高级专门人才。"

但是，近年来，在创造力研究中，有许多学者指出，那种纯粹研究创造力内部机制与结构的做法是很片面狭隘且脱离实际的。那么，应该怎么做？我们的选择是从人的个性和品格与个体创造力开发的相关性研究出发，并小处着手，选择一批具有代表性的样本群体，检验相关因素间的联系并探索创造力培养与开发的途径，从而打破现有的研究模式。本研究希望能体现出的特点是：不是简单的实验室的操作，它更多地带有普遍性和现实生活的特点。

第二节　问题的提出

真正的创造者当具有良好的品格，有良好品格的个体也将使自身的创造潜力得到更好的发挥。因为品格缺失的创造行为难以产生创新价值，甚至可能危害社会。培养优秀的创造力品格，必须先研究影响创造力品格的构成层面及其影响机理。

一、理论上的必要性

创造力品格研究为创新人才培养提供理论借鉴，为国家创新体系构建和大幅度提升我国国家创新能力提供支持。教育作为国家创新体系的重要组成部分和支柱产业，"是知识创新、传播和应用的主要基地，也是培养创新精神和创新人才的摇篮"。然而，目前社会对创新人才的渴求与教育培养人才的创新特质不明显的矛盾日益凸显。在这种背景下，积极探索高等教育在培养创新人才过程中的影响因素，并进一步指导和完善创新人才的培养是一组具有时代意义的研究选题。

缺乏创造力品格的创新人才及其创造行为容易陷入错误的价值导向或进入创新的歧途。研究创造性人才的品格与价值信条可以为突破教育中的"工具理性"思想和人才培养上的流水线塑造模式的钳制提供支持，在创新人才培养过程中树立正确的思想导向。

创造力品格研究也是提升国家文化软实力和国民品格影响力的需要。随着国家硬实力的不断增强，以品格等文化要素为代表的软实力的提升也应运而起。建构起与我国在国际上的经济影响力相对应的民族精神和优秀价值观，才能真正实现民族振兴和国家富强的伟大梦想。不论从历史发展的纵向脉络来看，还是从全球竞争的横向生态观察，由国民品格和价值观体现出的民族精神，既是硬实力的间接体现，也是软实力的主要载体，凸显东方智慧的创新品格将在现代化的进程中得到进一步提升。

哈佛大学在 1945 年的教育改革红皮书中有这样一句话："大学可以将学生培养成律师、医生或工程师，但他首先应该是一个现代社会的合格公民。"卢梭说："在使爱弥儿成为一名军人、教士或行政官员前，先要使他成为一个人。"中国传统文化经典篇目——《大学》在其"八条目"中有五个以上的条目是关于品格方面的："格物、致知、诚意、正心、修身……"可见，所有上述思想所代表的教育理念之根本是重视对"人"的教育，当下高等教育在培养创新人才中也应当实现教育向人性的回归。创造力品格教育就是在这个过程中凸显出来的一个创新人才成长的关键环节。

创造力品格研究也是"价值合理性"回归的需要。人类社会在长期的发展过程中对人性及其品格表现的关注始终存在，进入近代社会以来，代表品格修养与追求的"价值合理性"观点却逐渐体现为弱势。在西方，马克斯·韦伯（Max Weber）提出了"合理性"（rationality）概念，在其《新教伦理与资本主义精神》（*The Protestant Ethic and the Spirit of Capitalism*）所代表的文化推动着资本主义发展的过程中，却使"工具理性"[①]的思想得到了更多的信徒和更大的追捧。英国经济学家舒马赫在《小的是美好的》一书中所表达的观点，代表了当今社会少数学者对这种现象进行的反思。在舒马赫看来，西方世界引以为傲的经济结构，不外乎个人追求利润及进步，从而使人日益专业化，使机构成为庞然大物，带来经济的无效率、环境的污染和非人性的工作环境。人类痴迷于对"大"的追求，而这种对"大"的追求是以资源的大量消耗、浪费和环境的破坏为代价的，所有的这一切被舒马赫形容为"好比我们以不断加速往车毁人亡的路线上行驶"[②]。而解决的办法就是要让科技充满人性。在中国，随着改革开放的进一步深入，市场经济主导的"工具理性"开始影响着中国人的价值取向，并一步步取

---

① 德国社会学家马克斯·韦伯（Max Weber）所提出的"合理性"（rationality）概念分为两种：价值（合）理性和工具（合）理性。价值理性相信的是一定行为的无条件的价值，强调的是动机的纯正和选择正确的手段去实现自己意欲达到的目的，而不管其结果如何。工具理性是指行动只从追求功利的动机所驱使，行动借助理性达到自己需要的预期目的，行动者纯粹从效果最大化的角度考虑，而漠视人的情感和精神价值。

② 英国经济学家舒马赫在《小的是美好的》（*Small is Beautiful*）一书中直言不讳地指出：对资源的无度挥霍，已威胁到后代的持续发展；现代技术"创造"的"副产品"，正在侵蚀人们的健康；贪婪的人们争夺得你死我活，诱发了战争、暴力和罪恶；"非人性"的技术，使人成为机器的附庸，丧失了幸福。种种迹象表明，一场空前的灾难正在悄悄地逼近地球，但人类却懵懂无知，依然痴迷于对"大"的追求。

得广泛认同。工具理性也在这个过程中得到了夸张的发展，走向了极端化，物质和金钱超越了人性和价值信仰成为人们追求的直接目的，而优秀品格所代表的"价值合理性"趋向或处于缺失状态。当这种倾向影响到大学时，整体指导思想中就体现为明显的"工具理性和流水线主义"，就个体大学生而言，"效率"与"务实"则取代了原本由理想和德性所主导的品格体系。

于是着眼于社会价值或长远价值取向的或称之为影响深远的那些创造、创新行为变成了奢侈的事情，长效的创造行为由于缺乏直接的动力机制和良好的价值导向显得收效甚微，只有那些急功近利的获利行为勉强能与"创造"相关，但其中多数难以产生社会价值，甚至是产生了相当数量的危害社会的行为，其典型表现就是食品、药品领域的一系列危害公共安全的热点事件。因此，创造力品格研究也是化解社会危机、重塑社会价值导向的理论需求。

创造力品格研究是高校价值导向正本清源的需要。探究品格与创造力之间的相关性，以指导创新人才培养工作，就可以引导高校的创新人才培养冲出"工具理性和流水线主义"包围，为化解社会创新人才需求明显与高校创新人才培养输出不足的矛盾提供理论依据，适应社会发展的需要，为服务创造、创新和创业行为提供理论指南。已有创造力研究中，一位学者说过："当创造力学术社群透过研究文本，说出他们对创造力的发现与行动时，这些语言及其反映的思维，将直接影响创造力被认识或被实践的方法、范畴与可能性。"

本研究将力求突破创造力个体特质的心理学研究边界，对影响创造力的个体特质进行心理、伦理、教育与管理领域的跨界研究，从中发掘可用来指导当下创新人才培养的基本理论和培养规律。结合社会价值信仰和道德弱势等社会需求，让创新教育和创造性人才的培养回归德性文化与良好的价值导向氛围，为教育管理和创新管理提供可资借鉴的伦理思想参考。

二、实践上的必要性

重视创新是时代和社会发展提出的基本要求，为高校创新人才的培养提供理论参考是本研究的使命。

社会所面临的道德困境和创新危机说明，缺乏品格教育的创造力培养将会造成价值导向错误和持续创新的乏力。教育的真谛，是关注个性与品格的成长，重视个体的自由发展，关注一个又一个的人。教育中忽视人性与品格的价值和对应教育，对保护和开发个体创造力是有百害而无一利的。

浮躁的社会与趋利人心总是将创造力危机归因于命运类的不可知因素或体制等环境因素，却鲜有从人自身进行探究的勇气。富兰克林说过："我未曾见过一个早起、勤奋、谨慎、诚实的人抱怨命运不好；良好的品格、优良的习惯、坚强的意志，是不会被假设所谓的命运击败的。"

当下，随着科技的迅猛发展，社会对人才素质的要求越来越高，对高校而言，原有的以智力为主导的人才培养模式已经明显不能适应社会发展的需要。改变当下高校被动的现状，提升大学创新人才培养水平的关键是人才培养上更加全面的思想依据与策略指导。本研究的选择是通过在品格教育与创造力培养上的探索，树立价值合理性的创造导向，为创造力发展提供持续的生产动力，让优秀的品格与创造行为形成良性互动。积极探索响应品格要素培养中的有效教育措施是解决问题的开始。

本研究从个体品格因素入手，通过前期研究分析个体品格因素中能够明显影响创新养成的层面，并在以后的延续性研究中有针对性地进行品格教育的改革探索。重视教育尤其是创造力教育中"人（性）"的存在，拒绝人的异化，是对现行教育模式化和流水线式教育方式的抗争。教育不仅要重视科学技能和科学知识培养，也要重视感情与个性美德的养成。一段时间以来，我们的教育将急功近利式的强势工具理性特色发挥到了极致，相对而言，忽视了人的德性存在，忽视了人的情感和个性，只把人当作物，当作客体，使教育者按照同一个模式来加工和塑造人，这与当下高校在创新人才培养输出上所面临的弱势困境可能会存在一定的关联性，若这种关联性得以证实，那么就可以从创造力品格教育入手，提升创新人才培养水平。

缺乏品格教育的高校必然使其创新人才培养陷入困境。当世界各国普遍重视高等教育改革，强调"通识教育""终身教育"，注重文理知识融合，强化创新精神和合作意识，力争培养全面发展、德才兼备、有创新能力的人才时，中国高等教育却陷入窘境：应试教育为其明显代表的强势工具化色彩始终无法摆脱，市场和就业导向的人才培养模式助长了利欲之心，资源配置中的科研导向等，让当下中国高校人才培养中创新潜力相对不足。这便有了丘成桐"炮轰"

中国高校大学生的"唯利是图"，有了钱理群说高校正在培养"精致的利己主义者"，有了温儒敏认为大学被浮躁的实用主义裹挟。中国高等教育将如何摆脱上述困境，如何避免在市场经济大潮中进一步沦落，高校该如何为解决当今社会道德危机尽到应尽的责任，都值得进一步寻求相关的德性因素层面的理论依据。

探索从人才的创造力品格教育入手，弥补现有人才培养模式在这方面的不足，提升大学生创造力品格为代表的个体非智力因素塑造，是一个有着里程碑意义的教育改革选题。因此，对输出富有人文情怀及良好品格的高素质创新人才的培养规律及培养途径的研究是具有时代性和教育里程碑意义的研究。

第三节　研究的现状

一、国外研究现状

1950 年，吉尔福特就任美国心理学会主席，并在当时的年会上发表了题为"创造力"的演讲，唤醒了人们对创造力研究的关注。吉尔福特的演讲至今已经有 60 多年的历史了，创造力领域的研究获得了很大的发展，但是也有一些尚未获得足够重视的领域，个体品格的影响层面就是其一。

已有研究中尤其值得重视的是以下几个方面。

第一，创造力研究的复杂性成为海内外研究者的共识。维纳、奇凯岑特米哈伊和马格亚里 – 贝克等的研究中都认为创造力研究是个复杂问题。创造力相关概念领域呈多样化趋势。迄今为止，关于创造力的很多基本问题仍没有形成公认的看法；创造力研究领域中的问题多于答案，假设和推测较多，缺乏成功的令人信服的回答。就社会而言，仍需加强对创造力研究的重视和投入程度。

第二，创造力的研究成果中关注个体基本属性和心理层面的较多，强调创造属性的存在及其影响的重要。根据弗洛姆和卡西尔的观点，创造、创新是人具备的一种基本能量，也是人的基本属性之一，是人之为人所必需的重要元素。弗洛姆指出，人是一种有自发创造性的动物，他不但"能够"创造，而且为了要活下去，他"必须"创造。

第三，关于创新人才研究的对象选择以天才人物为主，人格层面的探究性成果较多，对一般教育过程中影响创新人才培养的关注相对较少。阿马比尔、巴伦、艾森克、高夫和麦金农等西方学者都注意到一些人格特征往往是创造性天才人物的标志性特征，主要包括：判断的独立性、自信心、对复杂问题的兴趣、美学定向和冒险性。如被誉为"推动美国教育改革的首席科学家"和哈佛"零点计划"负责人的霍华德·加德纳教授在其著作《创造力七次方》中选取了弗洛伊德和爱因斯坦等七位创造力大师级人物进行分析。他们身上所体现出的鲜明的、在某些情况下甚至是怪异的部分个性特征，在该研究中得到凸显，但其对普通个体不具备广泛的代表性，并不一定适用当下的创新人才培养。因此，本研究通过思考并致力于寻找和凸显那些能够同样影响普通人创新能力的个人特征，从而为高校创新人才的培养寻找通用性的理论支持。

第四，研究方式以心理学调查和实验为主，部分研究以传记和文献为依据。

既有的成果，为后继的创新人才培养研究积累了相当数量的实证资料，同时也强化了学术界对影响创造力的个体特质包括创造力品格研究的认同程度。但是，现有的品格与创造力研究涉及内容较复杂，没有形成统一的认知，在研究方法上以心理学上的实证研究为主，研究对象更多地关注天才人物，这也就为我们下一步的研究增加了困难。同时也使我们意识到，采用更容易被一般研究者接受的方法来对普通个体品格和创造力关系进行研究，揭示适用于全社会大多数人的创造力影响模式和开发途径的重要性。我们的研究设计，试图在已有的个体因素与创造力相关性研究的基础上，探寻品格因素影响创造力表现和作用，从而可以服务于高等教育改革探索，为提升创新人才培养水平而建言献策，进而丰富创新人才培养研究的理论成果。

二、国内研究现状

综合已有的文献，我们发现，创造力开发研究在国内已逐渐受到重视，其研究领域和侧重点大致可以概括为如下几个方面。

第一，国内关于创造力与人格特质的相关研究大多以心理学为学科大本营。通过阅读文献发现，大多数国内学者在创造力个体特质相关研究中大多从个体心理层面展开；也有部分学者的研究关注教学环境对创造力的影响，致力于改善个体受教育的环境，有效提升创造力。这些研究与境外相关研究的模式接近，创造力相关研究的落脚点在于改革教育体制，强化智育的同时改造环境，落实创造力教育。

我国和西方国家在创造力教育研究上的差异，源自文化上的不同。西方国家强调个人主义、自我价值；以我国为代表的部分东方文明则在相当长的时间里以集体主义为主导价值，管理风格严谨，层级明确。西方文化容易培养出所谓的"好战"品格，并倾向于正向（或说从积极的一面）解读人与人之间的冲突；而中国式传统文化下，大家更倾向于做符合大多数人价值取向的"好人"，而并不一定是具有创意的创造性人才。因此，从这个意义上讲，中国学生的创造力水平尚有很大的潜力可以挖掘。我国台湾学者吴静吉（2002）在文章中指出，华人学生的创造力仍然处在卧虎待启、藏龙待醒的阶段，原因可能在于华人社会过分强调智商而忽视创造力，重视外在动机而忽视内在动机等。吴静吉在研究中建议从学生的多元成就发掘创意，强调生活风格的评估，重视创意文化的考量，重视"守门人"的影响。因为创造力特质常与矛盾联系在一起，若是我们在生活中与教育体制上多包容高创造力的个体尤其是学生，能从欣赏与宽容的角度看待他们，让他们有能力表现出人生戏码中所有潜在特质，产生高创意的点子及出人意料的新奇表现，成就自己进而造福人类。

第二，与管理学科相关的跨学科研究逐渐增多。国内从 20 世纪 90 年代开始，学者们在心理学与教育学研究领域中所做的努力，逐渐显现出其成果，对创造力的研究开始重视企业家、产品、员工与组织的创新与创造力。但相对于心理学和教育学领域而言，数量上仍没有明显的优势。领导力开发、团队创造力开发等关键词所检索的成果显示，国内近几年在创造力与个体特质相关的若干个领域的研究及其边界交叉依然受到广泛欢迎。

第三，国内关于创新人才培养的研究，更多地关注培养创新人才的环境营造。《光明日报》撰文《自主学习：培养创造性人格》[1]认为，创造性人格的培养，需要宽松自由的学习环境，需要自主学习与个性化教育。自主学习就是要充分调动学生学习的积极性，在民主平等、宽松和谐的气氛中，调动学生的感知、

---

[1] 杨波：《自主学习：培养创造性人格》，《光明日报》2008 年 12 月 10 日。

记忆、思维和想象，实现自我激发、自我监控、自我建构。俞国良和侯瑞鹤在《问题意识、人格特征与教育创新中的创造力培养》中涉及了基于问题意识的创造力培养环节，强调课堂教学中"问"与"学"的新的比重关系，注重教学理念和教学氛围的改变。

第四，创造力研究中关于创造力个体特质的研究开始深入。早期的创造力与个体特质研究大多将研究聚焦在与情商有关的个体特质上，近十年来，虽然有一些学者将范围扩大到其他的个体特质（尤其是知识与技能方面），但大多数研究所归纳出的仍是高创造者的情感与意志类的特质，这个方面的研究受国外的影响较大，比如类似研究都可以在斯滕伯格（Sternberg）等人的研究中找到参考，国内外研究均显示，与情商相关的个体特质与创造力发展水平密切相关。研究个体创造性人格时选取的研究对象大多是以各领域中的杰出人才为主（如科学家、艺术家、文学家、建筑家等）。从本书研究的出发点来看，以这些专家为代表的高创造力个体特质并不能对普通个体创造力开发具有完全的说服力，所以我们认为，杰出创造性人才因其特殊性而归因于某些特殊的情绪或性格的情况，对于普通个体创造力开发不具备普遍性指导意义。当然，已有研究中，也有很多难以达成的共识。有在相同领域做研究但结果并不相同，例如，有学者认为科学家情绪是稳定的，也有研究认为恰好相反，杰出创造者可能同时拥有孤寂与合群两种层面的特性，两者不是对立，而是互补的。现有研究也达成了一些相对被广泛接受的理念：不论创造者的人格特性是否因知识种类不同而不同，可以确定的是，高低创造者具有不同的个体特质。

第四节　研究的内容

本书在探索品格、性格和人格等个体特质构成的基础上，进一步界定创造力品格的内涵和外延。借鉴中西方人格研究路径和方法，探索个体品格与个体创造力的相关性。在分析当今大学生创造力品格现状的基础上，挖掘传统文化中的朴素创新智慧，整合中西方品格教育的理念，探索通过创造力品格教育提升大学生创造、创新能力的途径和模式，探寻基于传统价值观培养视阈的高校创新人才培养之道。

一、研究的具体内容与着重点

创造力是天才人物的标志，还是人人都有潜在的创造力？这是文明发展进程中从未间断的思考。答案如果是后者，为什么有的人表现出优异的创造能力，而有些人则表现平庸？这是现代意义上的创造力研究中力图要寻找的答案之一。如何寻找影响个体创造力的有效因素并通过相应的干预途径，保护和开发普通人潜在的创造力，这是创造力研究领域中尚未得到清晰答案的问题，是一个富有挑战性的研究选择，也是我们一直想弄清楚的问题。

创造力不是少数天才的私有物。美国心理学家吉尔福特说："创造力研究迄今为止获得的最有意义的认识之一是创造力再也不必假设为仅限于少数天才，它潜在分布于所有人中间。每个人都有创造力，都在寻找自己创造力表现和发展的机会，父母应该因此而为子女创设创造力发挥的现实条件，在子女已有的生理智力基础上，完善其品格因素，使心理的成熟伴随其走上成功之路。"

以智力测验著名的美国心理学家推孟（Terman）[①] 在《天才的发生学研究》一书中指出："在最成功和最不成功的两类人之间，差别最大的人格因素包括取得最后成果的坚持力、自信力、克服自卑的能力和责任心。即便对于智力超常的儿童，对他所取得的成绩和品德成长起决定作用的是人格因素是否健全完善。"

当创造力研究者对创造力与品格的相关性表现出更多的关注，教育组织更加重视品格教育发展之时，把二者通过实践途径的探索而有效结合就变得迫切了。探究个体品格与个体创造力之间的相关性，并进一步探索如何通过向一定的品格要素施加一定的影响，从而推动创造能力开发是本书的核心内容。

已有的研究中，对于个体特征影响创造力的结论是普遍认同的。但这样的结论并不能够直接指导实践，因为这里还有一个相对复杂的问题，即究竟哪些个体特征能够影响创造力，或者说究竟哪些个体特征会有助于一个普通人的创造力潜质得以显现？在这个问题上，目前的研究成果在具体内容上尚不清晰。

[①] 1916 年斯坦福大学的推孟（Lewis M. Terman，1877—1956）修订了比奈－西蒙智力量表，采纳了德国心理学家威廉·施特恩（William Stern）的建议，将测量出的个人智力水平称为智商（IQ）。推孟的测验被命名为斯坦福－比奈智力量表，是今天智力测验的基础。

以奇凯岑特米哈伊为代表的学者认为：这些人格特征不是固定的，会随着领域和历史时期的变化而有不同。但我们也知道，个体的品格因素相对而言更富有代表性和稳定性，而且更容易受教育的影响，所以在本书中我们重点关注其中的创造力品格要素。

在文献和案例分析的基础上，我们初步概括出创造力品格的维度划分，具体体现为下述内容。

创造的动力来源于积极的人生态度和强烈的创造情感，因此，要在教育中激发学生的兴趣与热情。只有渴望改变才有可能创造，创造性情感是创造能力的先决条件。先引起学生学习某种知识的需要，然后进行教育教学；或者根据学生的需要来决定学习的活动，是对现行教育模式的一大挑战。同样道理，创造离不开追求完美的心态。高等教育中应凸显对完美和精益求精的教育和强化，使浮躁和应付的心态远离当下的大学生群体。

创造的过程充满挑战与挫折，只有具备坚韧的做事风格和敏锐的认知习惯的学生才能取得满意的创造成果。

创造的目标导向是产生社会正向价值或价值增量。所以真正的创造者应该是一个有公共道德修养和社会责任感的人。中国传统文化中的品格概念，还有一个重要的构成要件就是品德与修养，良好的道德情感是创造活动的催化剂。向往高雅的个体行为方式而远离粗鄙的行为方式原本就是大学生的共识，但现实社会中冲击和诱惑太多，教育教学中应凸显与大学生层次匹配的美德教育，提升大学生群体的道德修养。

由此可见，培养学生的创造力品格，需要从学生在创造活动中的乐创性、自觉性、果断性、坚韧性、自制力和关爱心、公德心等若干个方面入手。

创造力品格在信息社会人才素质层面的代表是"协"商。这是本研究中的一个创新概括，详情将在后文中具体展开。培养学生的创造力品格尤其是其代表素质"协"商，是培养学生的创造性思维和创造性个性倾向的关键，而以学生的创造性思维和创造性个性倾向为主要内容的创造力开发是培养创新人才的重要一环，是高校教育改革工作中的一项重要任务。创新依靠创造性思维，创造性思维源自个体的良好的价值取向和人生态度及认知风格，一个在思想上和价值上受制于财富等实惠性价值，进而为追求物质利益表现为奴性十足的大学生是不会有太多的创新思维的，教育应体现对大学生信息搜集和处理能力及"协"商的引导与重视。

二、研究的逻辑思路与框架

本研究在时代背景、社会需求和大学创新人才培养困境的基础上，探索创造力品格研究的意义与价值；通过结合文献分析定义品格的概念，将品格同已有研究中的人格、性格等其他个体特质加以区分，强调品格概念的中国文化特色，界定创新与创造、创新人才与创造力等相关概念；建构创造力影响因素的概念模型，将本研究涉及的品格要素按照逻辑分类，探索出创造力品格的维度划分及各维度所包含的品格要素。

然后，参考已有的研究模式，检验创造力品格各构成要素与大学生创造力的相关性，检验研究假设是否成立。在调查数据的基础上分析我国大学生的创造力品格现状。总结现有创造力教育中的经验与不足，探索创造力品格教育措施与模式。当下大学生创造力品格表现的特征及其背后的教育影响，分析市场价值导向和工具理性价值导向下的创造力品格困境。

最后，总结有助于培养大学生创造力品格的教育案例及相关措施在教育中的体现，并提出针对创造力品格培养的策略建议，进一步整理汇总为教育改革和制度设计相关的建议，并对未来研究做出展望。（如图 1-1 所示）

本书的逻辑思路主要包括以下八个方面：

第一，阐明研究的背景与价值。

第二，相关理论基础与文献分析。

第三，理论研究：探讨创造力品格的理论构成。

第四，建构创造力的关键影响要素模型。

第五，实证研究：进行面向大学生的创造力品格调研设计。

第六，相关分析与回归分析，创造力品格现状分析。

第七，立足品格提升创新人才培养水平的建议。

第八，研究的总结与展望。

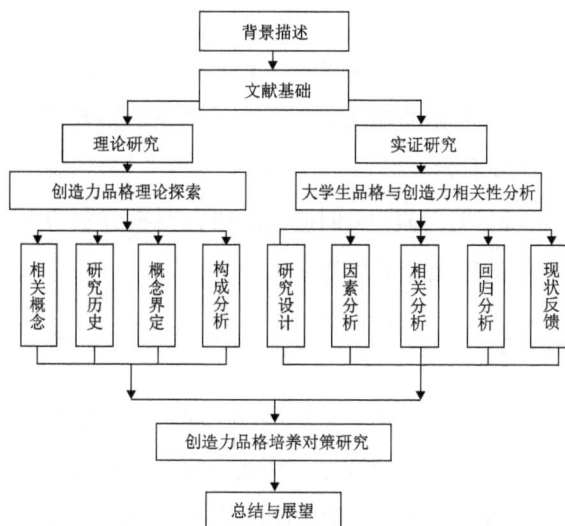

图 1-1 研究框架

第五节 研究的方法

本研究的目的是通过分析品格要素对创造力的影响，进而探索从创造力品格教育的角度培养更多的创新人才。研究方法主要采用文献分析法、案例分析法和数据统计分析法等。

一、文献分析法

文献分析法针对国内外众多创造力研究文献，从中关注有关个体特征和品格相关的研究，对相关文献资料进行查阅、分析和梳理，筛选相关观点，进行进一步的分析和检验。

文献分析挖掘是通过文献分析获得有用信息的方法。使用合适的方法，对相关文献资料进行查阅、分析和梳理，筛选相关观点，进行进一步的分析和检验，得到研究热点、研究演变，进而获得有关概念轮廓。本研究通过文献梳理展示"创造性人格""创造性个体特质""创造力品格"等相关研究成果及其演变，并希望在此基础上界定相关概念。创造是什么？创造力是什么？什么是人格，什么是品格，二者关系如何，包括哪些要素？

在分析个体创造力的影响因素基础上，查找与创造力关系密切的个体品格构成要素，界定创造力品格的概念。创造力品格是品格要素构成中与创造力表现呈正相关的要素之统称。

在文献分析基础上提出假设：创造力品格各要素分别与大学生个体创造力在思维和行为倾向上的表现呈正相关。

二、案例分析法

案例分析法是指对某一个体、某一群体或某一组织的案例就其行为发展变化的全过程展开的研究。案例研究中，历史分析和比较分析尤为重要。历史分析能够全面把握案例事件的来龙去脉，能够杜绝简单的"现状描述"所出现的偏颇，本书对美国品格教育案例、中国品格教育案例及创造人物代表案例的分析都比较注重其发展演变的历史过程；比较案例分析建立在比较的基础上，能使我们从多角度、更客观地认识案例本身，从而也能够得到更有价值的结论。因此，本书通过多个案例的比较分析，得出客观有效的结论，避免案例经验介绍得浅显。虽然囿于时间、成本、条件的限制，本书不可能对案例对象进行实地考察，但却可以通过互联网获取案例材料或其他已有研究中涉及的案例资料等相关信息。

分析我国大学生创造力品格现状及其影响因素。结合收集到的中美相关品格教育案例和部分创造人才案例，进一步分析，提出建议，在高等教育中加强创造力品格培养的方式和途径。

三、数据统计分析法

本书中的数据获取是通过问卷调查实现的。过程为设计问卷、预测问卷、修订问卷、正式调查收集数据分析。调查对象为在校大学生，样本容量为3101份。

本书中所使用的数据统计分析方法，包括使用因子分析来缩减维度，使用相关分析来检验是否有线性相关，使用描述性统计分析法来分析个体的背景资料，以及使用回归来验证因果关系。统计分析工具为 SPSS 20.0 中文版。

第二章

相关理论与文献分析——品格是创新中的积极因素

　　品格与创造力的关系是伦理学、教育学、心理学及管理学研究中一个受到普遍关注的问题。从理论上解释品格与创造力的关系，要先解释人格与品格及创新与创造的含义及关系。本部分内容试图通过整理先前学者对创造力研究的风格与思路，整理过去研究者关于创造力的研究成果，以作为本研究的理论基础。因此，就无法回避如下几个问题：创新与创造的含义、创造力的影响因素、创造力品格的内涵及测量等。

第一节　品格、人格及个体特质相关理论

　　品格与人格是在使用中比较容易混淆的两个词。二者既有一定的共同内容，也有许多不同的外延，在本研究中尤其需要界定清楚。个体特质与前两者是相对同位的一个概括概念，在某些情况下可以分别与人格或品格互换使用，其泛指特征，可涵盖人格与品格的外延。

　　品格的概念相对人格概念而言，更富有中国文化特色。当下学科用词中，品格相对人格在广泛性上要明显少一些。但从中文渊源来看，品格要比人格使用得更早。从通俗意义上讲，人的品格是个体的人品和做事风格。在本研究中，界定品格的概念时，把它同人格的概念区分开来。

　　人格是一个使用广泛、有多方面含义的概念，尤其是心理学作为一门独立

科学受到重视后表现尤甚 ①，不同的学科对人格有不同的定义。人类学认为，人格既指区别于动物的特点，又指不同地域、民族、文化环境中人的素质、能力、知识、风俗、习惯等方面的差异；伦理学中用人格描述和评价人们的道德修养、道德境界，如人格高尚和卑鄙等；在法学或法律规范中，人格是指享有法律地位的人，人格标志着人的尊严和自由，诽谤、侮辱、伤害他人的人格，是违法的；在人格主义哲学中，人格是具有自我意识和自我控制能力，即具有感觉、情感、意志等机能的主体；在心理学上，人格是个体区别于其他人的一种独特的心理结构特征。

个体特质是一个人相对稳定的思想和情绪方式，是个体内部的和外部的可以测量的特质。我们把一个人在不同的情境下均表现出的一些特点和品质，称为个体特质。个体特质在外延上包括人格和品格的构成要素，二者在内部特质层面存在部分重合。

一、人格与品格

从字源上看，我国古代汉语中没有"人格"这个词，但是有"人性""人品""品格"等词。

最早讲到"人性"的孔子言："性相近也，习相远也。"（《论语·阳货》）

《汉语大词典》对人格的解释表明，"人格"一词在生活中有多种含义。有道德上的人格，它指一个人的品德和操守；有法律意义上的人格，它指享有法律地位的人；有文学意义上的人格，它指人物心理的独特性和典型性。在心理学上，由于心理学家各自的研究取向不同，对人格的看法也有很大差异。我们认为，人格是构成一个人的思想、情感及行为的特有统合模式，这个独特模式包含了一个人区别于他人的、稳定而统一的心理品质。

中文中的"人格"术语是现代从日文中引入的，日文中"人格"来自对英文"personality"的意译。英文"personality"（人格）一词起源于古希腊语"persona"。现代心理学沿用"persona"的含义，转译为人格。其中包含了两个

---

① 19世纪初，德国哲学家、教育学家赫尔巴特首次提出心理学是一门科学。在之前，心理学、教育学同属于哲学的范畴，后来才各自从哲学的襁褓中分离出来。科学的心理学不仅对心理现象进行描述，更重要的是对心理现象进行说明，以揭示其发生发展的规律。

意思：一是指一个人在人生舞台上所表现的种种言行，遵从社会文化习俗的要求而做出的反应。即人格所具有的"外壳"，就像舞台上根据角色的要求而戴的面具，反映出一个人的外在表现。二是指一个人由于某种原因不愿展现的人格成分，即面具后的真实自我，这是人格的内在特征。

"人格"一词在心理学领域使用频率最高，心理学已产生了许多关于人格的定义。据美国心理学家奥尔波特（Allport）1937年的统计，人格定义已达50多种，人格的现代定义也有15种之多。统而言之，人格是人的内在精神要素（包括需要、欲望、动机、信念、价值观念等理性和非理性因素的总汇和组合）和外在行为规范的系统结构，是现实的人的整体形象。

陈仲庚和张雨新在《人格心理学》一书中指出："人格是指个体行为全部品质的集合，是基本和稳定的心理结构和过程，是个人心理特征的统一，这些特征决定人的外显行为和内隐行为，并使它们与别人的行为有稳定的差异。"人格是个体在行为上的内部倾向，它表现为个体适应环境时在能力、情绪、需要、动机、兴趣、态度、价值观、气质、性格和体质等方面的整合，是具有动力一致性和连续性的自我，是个体在社会化过程中形成的给人以特色的心身组织。

中外学者对人格的定义大同小异。但总体来看，一般对人格的定义可以分为三个层次：一是广义的人格，即指一个人所具有的稳定的心理特征的总和，包括需要、气质、性格和能力；二是狭义的人格，即与性格同义；三是从道德伦理的角度来使用人格，对人做出的道德评价。

笔者认为，人格是一个人与社会环境相互作用而表现出的一种独特的行为模式、思维模式和情绪反应的特征，也是一个人区别于他人的特征之一。因此，人格就表现在思维能力、认识能力、行为能力、情绪反应、人际关系、态度、信仰、道德价值观念等方面。一般来讲，人的形成与生物遗传因素有关，但是人格是在一定的社会文化背景下产生的，所以也是社会文化的产物。人格还有个俗称叫个性。

植根中国文化土壤中的"人格"在当下还包含了很多传统文化中的成分，更加突出了其中道德品行层面的内容，在其本意的基础上，更加强调品行等道德层面的内容。这是已有的创造力人格研究中尚未涉及的内容，也是我们在研究创造力品格培养过程中所关心的内容。

　　而品格在大多数人的眼中是一个模糊而古老的概念，品格概念的使用涉及伦理学、心理学、教育学和管理学等学科领域。最早的品格使用，是中国传统文化中指代现在意义上的人性与人品的一个概念，现代的品格概念因受部分心理学词汇（如人格）的挤压，使用频率降低，其内涵有了些许减少，但其根本内涵不变，品格仍然指一个人的人品和做事的风格。

　　品格的内容源自人格，又不完全等同于人格，西方学者把品格理解为人格的德性构成。美国传统教育心理学界的观点将人格划分为禀赋、品格和自由意志。其中禀赋是一个人与生俱来的、不可改变的、先天的东西；品格是后天培养的、可以改变的部分，一旦获得便相对稳定。正如美国教育哲学家托马斯·里克纳（Thomas Lickona）和马修·戴维森（Matthew Davidson）所提及的，品格包括那些让个体生活得更好，更容易为他人所接纳及与他人合作的品质，如诚实、关爱、尊重和公正等。道德品格能够保证我们在追求进取和实现目标的过程中不损害别人的利益，要求我们以道德的方式做到优秀。具有优秀品格的个体所体现出的亲和力不会让他人感受到威胁，反而会让他人感到如沐春风。道德品格能使我们怀着尊重、关爱的心情对待自己和他人，诚实、正直地过一种合乎道德的生活。值得一提的是，笔者在前期资料调查中发现，部分国内学校在品格培养目标上已经将关爱列为核心内容。

　　德性与品格，源起于古希腊。古希腊学者提出了一个不断被后人引用的论断——"品格即命运"。苏格拉底、柏拉图和亚里士多德对德性话题都有阐述。借此，亚里士多德总结出了四个基本美德范畴，即后来所说的古希腊四主德：智慧、勇敢、正义和节制。他们重视有美德的品格培养，关注的问题核心是"个体该成长为一个什么样的人"。

　　马丁·布贝尔（Martin Buber）[①]认为：品格介于一个人的本质与他的外表之间存在着的特殊纽带，介于他为人的统一性和他的一连串行动与态度之间的特殊联系。品格就是人在和外界发生相互作用时，稳定地支配着人的行动和态度

---

① 马丁·布贝尔（Martin Buber，1878—1965），是犹太教中最著名的宗教哲学家，存在主义理论的重要代表人物，他在当代的重要性与他所具有的价值是联系在一起的。人们称他为"伟大的哲学家，尽善尽美的诗人""他那个年代博学多才的人之一""一个拥有不竭创造力的天才""一个智者"，等等。他对20世纪人类的精神生活产生了巨大的影响，因此，人们把他视为现代西方重要的思想家之一。

的那种内在的精神或道德品性。当然布贝尔的观点中还包括品格需要通过教育进行塑造。

托马斯·里克纳（Thomas Lickona）给品格的定义是：品格（character）是一种以符合道德规范的方式来响应外在情境的一种个体特质。

国内学者对品格的界定更为广泛，大多数国内学者认为，品格不仅指品德，亦包括一个人的思维、情感和行为。同样，品格具有比性格更广阔的外延。品格是个体素质中最基础、最核心的部分，具有个体性、内源性、根本性、统整性、发展性等特点。品格是人性最高形式的体现，能最大程度上提升人的价值。潘光旦认为："品格的概念从品性的事实中产生，品性指人的个性和共性，共性又有程度的差别，而'格'就是典型、规范、标准，不达此标准者就是不合格的人。所以品格就是合乎道德行为标准的品性。"丁锦宏的观点是："品格实质上应该是内在于个体的道德品性。"还有郑富兴的观点："品格是指体现了一定道德规范（如核心价值和美德），包含了认知、情感和意志成分的道德习惯。"

二、品格构成及其测量

中国儒家教义中将君子之修养囊括于修身、齐家、治国、平天下的大道之中，其中涉及个体品格的内容包括：仁义礼智信、温良恭俭让、宽敏惠毅刚、忠孝勇节廉等诸多范畴。

我国有学者认为，品格有六个主要支柱，分别是尊重（respect）、责任（responsibility）、公平（fairness）、值得信赖（trustworthiness）、关爱（caring）和公民责任（citizenship）。

古希腊时期的德性有四个主要美德要素构成——智慧、勇敢、正义和节制，也被称作"四主德"。

马丁·布贝尔非常重视教育中的创造性活动及创造能力的培养，在谈到创造力时他认为人就是通过自由的选择来创造的。一语道出了创造力品格中的一个核心要素——自由也可以说成是自由选择，有的国内学者直接称之为选择。

托马斯·里克纳将品格分为三个明显的构成部分：对善的认识、对善的渴望和向善的行为，概括为道德认知、道德情感和道德行为。又可以将这个构成进行细分，对善的认识，也就是道德认知，包括道德意识、认知道德价值、设身处地（移情）、道德推理、道德决断、自知之明；对善的渴望，即道德情感，包括良知、自重、同情、崇尚善、自我控制和谦虚等；向善的行为又分为能力、愿望和习惯等。

管理学研究者将企业员工的品格要素汇总如下：

明智	明辨	信心	谨慎	仁爱	创意	热诚	节制	敬重
勤奋	周全	可靠	安稳	耐心	机警	好客	慷慨	喜乐
坚忍	主动	尽责	谦卑	果断	决心	忠诚	专注	敏锐
公正	同情	温和	尊重	温柔	诚实	顺服	诚恳	德行
勇敢	饶恕	善劝	节俭	知足	守时	宽容	慎重	感恩

能屈能伸　　随时待命　　井然有序　　善用资源

而这种将品格要素概括为 49 项具体特质的做法更早见于台湾版的美国培基文教基金会的界定：导向成功的 49 种品格特质。具体为：

1. 机警（alertness）
2. 专注（atttenriveness）
3. 随时待命（availability）
4. 真爱（benevolence）
5. 勇敢（boldness）
6. 慎重（cautiousness）
7. 同情（compassion）
8. 知足（contentment）
9. 创意（creativity）
10. 果断（decisiveness）
11. 尊重（deference）
12. 可靠（dependability）
13. 决心（determination）
14. 勤奋（diligence）
15. 明辨（discernment）
16. 谨慎（discretion）
17. 耐性（endurance）
18. 热诚（enthusiasm）
19. 信心（faith）
20. 能屈能伸（flexibility）
21. 饶恕（forgiveness）
22. 慷慨（generosity）
23. 温和（gentleness）
24. 感恩（gratefulness）
25. 敬重（honor）
26. 好客（hospitality）
27. 谦卑（humility）
28. 主动（initiative）
29. 喜乐（joyfulness）
30. 公正（justice）
31. 忠贞（loyalty）
32. 温柔（meekness）
33. 顺服（obedience)
34. 井然有序（orderliness)
35. 忍耐（patience）
36. 善劝（persuasiveness）
37. 守时（punctuality）
38. 善用资源（resourcefulness)
39. 尽责（responsibility）
40. 安稳（security）
41. 节制（self-control）
42. 敏锐（sensitivity）
43. 诚恳（sincerity）
44. 仔细（thoroughness）
45. 节俭（thriftiness）
46. 宽容（tolerance）
47. 诚实（truthfulness）
48. 美德（virtue）
49. 智慧（wisdom）

纵观上述中外品格观念，其中有一些共同的构成要素是得到公认的或者是囊括于公认的范畴之下的，比如关爱、正直、勇敢、负责、诚信和自制等。基于这种考量，我们把上述品格外延中最常见的品格要素进行分析，分为若干个大的层面，称之为品格的核心价值维度。

品格的核心价值维度包括同情（或关爱）、勇敢（或进取）、宽容、公正、诚实、善良、执着（或坚持）、合作、尊重、负责、智慧和节制，共12个构成层面。

同情（compassion）（或关爱），指对他人的不幸感同身受，甚至愿意为消除或减轻这种不幸进而抚平他人的创伤付出必要的代价。

勇敢（courage）（或进取），即使是前途未卜，仍然甘冒风险去克服恐惧心理的意愿。

宽容（tolerance），允许别人自由行动或判断；耐心而毫无偏见地容忍与自己的观点或公认的观点不一致的意见（《不列颠百科全书》）；宽大有气量，不计较或不追究（《现代汉语词典》）；对冒犯和模棱两可状态的容忍。

公正（fairness），正直、公开、公平地为人做事。按照自己的行为准则生活。

诚实（honesty），真实表达主体所拥有信息的行为（指好的一方面），也就是行为忠于良善的心。

善良（kindness），和善而不怀恶意，心地纯洁，纯真温厚，没有恶意，和善，心地好。

执着（loyalty）（或坚持），对于事业、前途、生活目标等人生大事，执着地去追求，坚持不懈。

合作（cooperation），互相配合做某事或共同完成某项任务。

尊重（respect），敬重、重视、尊敬；尊重权利，尊重他人的意见。

负责（responsibility），工作认真踏实，尽到应尽的责任。

智慧（wisdom），能迅速、灵活、正确地理解和解决各类事务的能力。

节制（self-control），在自我约束的层面上体现为限制、控制。

可见，品格理论和人格理论有相当程度的相似性，具有同样的模式，尤其在结构理论方面，人格结构理论是人格理论重要的组成部分，也是进行人格测量的基础，品格理论也是如此。

接下来，通过文献研究，探讨品格测量的模式和思路。

英国心理学家、差异心理学之父弗朗西斯·高尔顿（Francis Galton）早在1884年就在一篇叫作《品格测量》的文章中讲道："构成我们行为的品格，是一种明确的东西，所以应该加以测量。"

目前品格特质测验方法大多借鉴人格测量的方法与工具，可分为自陈式量表、投射测验及行为评鉴等三类。自陈式量表的发展与人格理论中的类品质个体特质关系密切，大部分的自陈式量表始于纸笔测验，后随着技术和条件的成熟，不断拓展其测试手段。量表内包含许多含义清楚的描述性语句，由受试者选择最符合的情况，接着由施测者计算其分数，并与常模进行比较。投射测验的发展与心理分析密切相关，主要是借由受试者对测验情况与刺激的反应，在不知不觉中将其心理上的需求、动机与情绪等内在特质投射出来，而施测者对这些反应进行推论、解释与分析。行为评鉴主张通过观察或问卷的方式，分析与解释个体外在行为，来推论影响该行为的因素。

由于行为评鉴法过分主观，忽略掉该工具的信度、效度、常模与标准化；投射测验法需要专业人士参与，所花费的时间、精神成本太高，所以这两种方法都不适用于普通大学生的创造力品格测量工作，故本研究基于研究设计之可行性及结果之严谨性，采用自陈式量表来测量创造力品格。

认同度较高的量表有：加利福尼亚心理量表、人格三因素模型、人格五因素模型，以及综合以上三种人格测验的研究等。在认真研究上述主流量表之后，学习其方法和模式，测量内容更多倾向于教育学、管理学和伦理学相关个体品格特质内容。

加利福尼亚人格量表（California Psychology Inventory，简称CPI）。该量表又称加州人格量表，主要用于测量人格（该量表包括260个是非题，适用于13岁以上的正常人，测试时间为30分钟）。该量表在早期对人格与创造力关系的研究中较多使用，测试涉及18个人格维度，每一个维度都是最基础的，是人们在人际交往过程中自然形成的。该量表应用十分广泛，可用于对被试者成就、创造性潜能的预测提供参考。

代表案例：1968年帕洛夫（Parloff）等人使用该量表对高、低创造力青少年及成人的人格进行研究，结果发现，高创造力者比低创造力者更坚定自信、更坚强、更有进取心、更狂放不羁等。2005年伦科（Runco）和艾伯特（Albert）使用修订后的加利福尼亚心理测验表（The Clifornia Psychological Inventory，简称CPI）研究天赋少年及其父母的人格与少年创造力的关系，研究发现，少年的发散思维（DT）测验得分与其本人的CPI得分相关关系显著，而与其父母的CPI得分相关关系不显著。

人格三因素模型和艾森克人格问卷。该模型由艾森克（Eysenck）依据因素分析方法提出。他认为这三个因素是：外倾性（extraversion）——E，神经质（neuroticism）——N，精神质（psychoticism）——P。依据这一模型编制的人格量表称为艾森克人格问卷（Eysenck Personality Questionnaire，简称EPQ），其主要用来测量E、N、P。EPQ是一种自陈量表，有成人（共90个项目）和少年（共81个项目）两种形式，各包括四个量表：E——外倾性；N——神经质；P——精神质；L——谎造或自身隐蔽。由于该问卷具有较高的信度和效度，用其测得的结果可同时得到多种实验心理学研究的印证，因此它亦是验证人格维度的理论根据。该问卷所测内容偏重心理学领域，涉及品格的内容较少。

艾森克（Eysenck）认为精神质（P值）与创造力之间有显性相关。P值高的个体易产生新奇的想法，也易患精神疾病，P可能是产生创造性思维的根源与研究精神病学的基础。

人格五因素模型。20世纪80年代以来，人格研究者们在人格描述模式上达成了共识，提出了人格五因素模式，被称为"大五人格"。人格五因素模型（包括神经质——N，外倾性——E，开放性——O，宜人性——A，认真性——C）形成后，研究者们又开始依据五因素模型研究创造力与人格间的关系。

科斯塔（Costa）等人根据对16PF（卡特尔16种人格因素测验）的因素分析和自己的理论构想编制了测验五因素的NEO—PI人格量表（NEO—PI Five-Factor Inventory）。该量表包括300个项目，被试者在五点量表（从"完全同意"到"完全不同意"）上指出每个句子表示他们自身特点的程度。除了五个因素上的得分，被试者还有为每个维度量表设置的六个测量特质水平的层面量表得分，这些层面量表提供了有关五因素的每个因素内的行为的更大区分性。有关大五人格特质因素和相关特征见表2-1。

表 2-1　人格五因素及其相关特征

特质量表	高分者特征	低分者特征
神经质 (N) 评鉴顺应与情绪不稳定，识别那些容易有心理烦恼、不现实的想法、过分的奢望式要求及不良反应的个体。	烦恼、紧张、情绪化、不安全、不准确、忧郁	平静、放松、不情绪化、果敢、安全、自我陶醉
外倾性 (E) 评鉴人际互动的数量和强度、活动水平、刺激需求程度和快乐的容量。	好社交、活跃、健谈、乐群、乐观、好玩乐、重感情	谨慎、冷静、无精打采、冷淡、厌于做事、退让、话少
开放性 (O) 评鉴对经验本身的积极寻求和欣赏，喜欢接受并探索不熟悉的经验。	好奇、兴趣广泛、有创造力、有创新性、富于想象、非传统的	习俗化、讲实际、兴趣少、无艺术性、非分析性
宜人性 (A) 评鉴某人思想、感情和行为方面在同情至敌对这一连续体上的人际取向的性质。	心肠软、脾气好、信任人、助人、宽宏大量、易轻信、直率	愤世嫉俗、粗鲁、多疑、不合作、报复心重、残忍、易怒、好操纵别人
认真性 (C) 评鉴个体在目标取向行为上的组织性、持久性和动力性的程度，把可靠的、严谨的人与那些懒散的、邋遢的人做对照。	有条理、可靠、勤奋、自律、准时、细心、整洁、有抱负、有毅力	无目标、不可靠、懒惰、粗心、松懈、不检点、意志弱、享乐

来源：智库百科。

结合上表中的人格结构五因素模型特征和凯利（Kelly）及麦克雷（McCrae）等人的研究，可知 O（开放性）与创造力存在显著的正相关。

也有研究者综合使用多种测量创造力方法来展开研究。沃尔夫雷德（Wolfradt）和普雷茨（Pretz）采用根据图片写故事、列业余爱好、创造性人格量表（CPS）这三种手段衡量来自各专业大学生的创造力，对大学生所写故事及所列爱好的创造性程度评定采用同感评估技术。结果发现，被试者的三种创造力测量结果都与 NEO—FFI 量表测得 O 维度得分存在显著正相关；此外，E 维度得分高的个体，创造性量表得分就高；而 C 维度得分低的个体，故事评定得分高。弗海姆（Furnham）和巴赫蒂亚尔（Bachtiar）通过发散性思维测验、创造性行为传记量表、被试者创造力自评等级、贝韦二氏美术量表等四种手段衡量被试者的创造力，使用 NEO—FFI 测量人格。结果显示，E 维度得分与四种创造力测量结果都存在显著相关，多元回归结果显示大五人格特质能解释发散性思维 47% 的变异。

费斯特（Feist）和巴伦（Barron）曾报告了一个长达 45 年的纵向研究，其研究样本来自 14 个专业的男性大学毕业生。研究中使用 ACL、CPI、MMPI 等量表测量被试者人格，依据美国科学家名人录及被试者所写的个人履历衡量创造性成就。结果显示，创造力会伴随人格等变量的变化而变化，人格对创造力的影响甚至超过个人潜力与智力对其的影响。

三、品格是可教的

很多人谈到人格的话题，就说它的构成中大部分与遗传因素有关系，大多数改变不了，但是品格则不尽然。在前文讲品格的概念时，已经阐明了一点，即从将品格视为个体特质中以人生态度、个体道德维度及情感为主要构成的个体要素之和，这部分构成虽然在一定程度上与人格存在重合的部分，但也恰是易受后天影响的。展开来说，西方心理学研究中，将人格划分为禀赋和品格。众所周知，禀赋，接近天赋的意思，是一个人与生俱来的、不容易通过教育轻易改变的、先天性的组成要素；而品格则是后天养成的，是可以通过教育及环境进行影响的构成部分。同时值得注意的是，某种品格要素一旦养成，也具有相对稳定性。

英国心理学家艾森克在人格理论方面提出了人格纬度的观点。他认为纬度的一个极端是外向，另一个极端是内向，所以在纬度之间就有许多等次。他认为极端内向和极端外向的人是少数，大多数人是综合性的，或者偏内向些，或者偏外向些。艾森克的人格纬度理论的产生对心理学界的影响很大，从中我们认识到，品格是可以在纬度上移动的。日本学者长谷川洋三则认为，通过行为可改变品格。

陈欢庆在《创造力开发教程》中对健康品格界定如下：具有健康品格是指人在各项活动中能遵循社会关系和发展的一般原则，又能充分表现自身独特的价值取向和行为风格，并能够不断提升自己的德性修养。

品格的养成，塑造了一个人的风格与命运，进而通过个体影响社会，品格培养本来就是教育的目标，个体品格的好坏事关社会的发展及健康、文明的有无及社会文明的档次。

第二节　创造与创新相关理论

"创造"与"创新"在研究中经常交互转换，而这两个名词概念是有所区别的，创造仅是一套想法与概念，需要人们的执行才能有创新的结果出现，使其具体化。换句话说，创造是一种能力或潜力，而创新是一种成果或成果体现的价值。创新离不开好的创意，创意源自创造力。

"创造"（creativity）一词，到中文语境中多被翻译为"创造力"。其词源为拉丁语"creare"，意为创造、创建、生产和造就。在英文背景中，creativity 意为"创造的才能，才艺智力的开发"，包括以下几个层面的意思：创造（creating）或有能力去创造（be able to create），产生（productive），具有或表现出想象力和艺术、发明的才能，对想象和发明原动力的刺激等。《现代汉语词典》将创造力解释为：努力创新的思想和现象。

中文语境中的创造力概念，更加侧重于其能力层面，就是产生新思想、发现和创造新事物的能力，即创造行为成就的能力。

一、创新的概念

"创造"与"创新"在很多领域中经常被用在一起，两者之间既有相同点又有差异。

差异性的体现，主要存在于字面概念的界定中。举个例子，用两个不同学者的话来简单概括：阿马比尔说创造所涉及的是个体的现象与历程；坎特说创新属于将新奇的观念或问题解决策略加以实践的集体历程。"创新"注重应用或实践（过程），而"创造"又因为使用语境的不同分为"创造力"或"创造性"两种不同的用法。阿马比尔在他的数篇文章中都表达了这样的观点，创造是指在任何一种人类活动领域中，所产生的新奇产品或对于开放性问题产生恰到好处的解决方案，后来的研究者大多认同并归之为"个体创造力"。

事实上，虽然可以从概念上将创造与创新两者加以区分，但实际在现实层面，两者经常交叉甚至互换使用。很多学者试图为这两个概念创造理论衔接并从实践中有意"搭桥"，我们认为创造性思想的产生是创新过程中最关键的部分，创新就是将创造的理念加以实践体现。阿马比尔在其 1988 年的文章中也有类似的观点。

创新（innovation），源自拉丁语的"nova"（新），从词源看，创新的核心在于"新"。麻省理工学院的教授罗伯茨（Roberts）曾将创新定义为"发明"加"开发"。

自近代以来，关于创新的理解层出不穷，比较有代表性的理解，可以概括为三种。一类研究者将其作为一种价值，是创新之价值说；一类研究者将其作为一种能力，也就是创新之能力说；还有一类研究者将其作为一个过程，可以将其划分为创新之过程说。

（1）创新之价值说。认为创新与否的标准在于能不能产生价值，要根据创新对受众的贡献或价值来衡量创新。

创新型组织 3M 的研发部门资深副总裁曾将创新定义为"创造力是新奇、适当的创意；创新是在组织中成功地执行这些创意"。

（2）创新之能力说。20 世纪末，以阿马比尔和罗宾斯（Robbins）为代表的研究者在比较了以前的研究后，将创造力总结为在任何领域中，个体产生新奇的及有用的想法或者将不同领域的想法以一种独特方式结合的能力；创新则是将想法或创意付诸成功的实践的过程。罗宾斯将创新概括为取得某一想法并将其转化成一项有用的产品、服务或者生产方法的过程。

（3）创新之过程说。更多的学者将个人的创造力当作一个过程，即个体产生新的思路或作品的过程，这个过程涉及个体的特质或者心理属性与情境之交互作用所呈现的各种表象。

二、创造的概念

创新离不开创造，而创造又是人所特有的一种能力。本书的文献研究中的重要基础概念之一就是"创造"一词。"创造"其词源来自拉丁文"creatus"，其意思为"使之存在"（to bring into being）。《韦氏大辞典》的解释是：有"赋予存在"的意思，具有"无中生有"（to bring into existence）或"首创"（for the first time）的性质。而"创造"的中文意思是：创始者也（《中文大辞典》），始造也（中文词源），另有别出心裁之意（《形音义综合大字典》）。

但关于创造的内涵在研究界也达成了明显的共识。

创造是什么，理查德·B.迈耶在《创造力手册》的最后一章进行了总结。他认为，《创造力手册》所涉及20余章的众多学者们对创造认知的共通之处在于两点：一是新颖性，二是有用性。（见表2-2）

表2-2 创造的两个界定性特征

作者（章）	独创性	用途
Gruher&Wallace (5)	新颖性（novelty）	价值（value）
Martindalc(7)	原创的（original）	合适（appropriate）
Lumsden (8)	新（new）	重要的（significant）
Feist (13)	新异（novel）	适用的（adaptive）
Lubart (16)	新异（novel）	合适（appropriatc）
Boden (17)	新异（novel）	有价值（valuable）
Nickerson(19)	新颖性（novelty）	用途（utility）

来源：斯腾博格主编《创造手册》，施建农等译，北京理工大学出版社，2005。

第三节　创造力理论

研究创造力的一个合乎逻辑的着手处是界定创造力的含义。尽管不同的心理学家对"创造力"一词有着不同的理解，当我们范围缩小到中文"创造力"时，发现目前国内较多的研究及观点都是围绕个体的素质与能力等内容展开的。

由于英文中"creativity"翻译为中文时有"创造力""创造性""创新"等表达，所以，对于西方创造研究中的若干种不同取向，会因为"creativity"中文翻译的不同而产生取向上的取舍。当我们将"creativity"翻译为"创造力"而非"创造性"时，我们的研究就更多地关注个体差异及相关认知教育领域了。

在《创造力手册》一书的最后一章，理查德·B.迈耶说："尽管在基本定义上取得了一致的意见，但是《创造力手册》中各章的作者们对一些需要澄清的问题仍有不同回答，这反映了该领域的多样性。首先，创造力是人的特征、产品的特征，还是过程的特征？"有的人关注创造力的个体差异，有的人关注创造性产品的个案研究，有的人认为创造力是个认知过程，所以研究中倾向于关注创造性或创造性认知的教学。

纵观西方近60年以来的创造力研究，其取向不外乎为四个方面：person（个人）、place（环境）、process（过程）和 product（产品）。以"个人"为研究重点的学者认为创造力是个体的某种特质，可以区分具有创造力的个体与其他个体间的差异；以"环境"为研究重点的学者主要探讨工作环境如何影响个体创造力的表现；以"过程"为研究重点的学者在于将创造的行动视为一种特别的问题解决过程（process of creative problem），从过程的角度研究创造力中重要的议题；探讨"产品"的研究者则从创造的产出结果来研究创造力。

一、什么是创造力

明确界定创造力的概念，是本书能够顺利进行下一步研究的前提。

创造力本身所牵涉的范围很广，学者对创造力的定义各有偏重，不同的学者依据其研究取向和理论基础，也会有不同的见解和看法。1982 年，日本创造学会向全体会员征集对"创造力"的定义，得到了 83 个不同的定义。

吉尔福特认为，创造力是一般人都具有的一种能力，几乎所有的人都会有创造性行动，不管这种创造性行动是多么微妙或多么罕见……被公认具有创造性的人，只是拥有比我们所有人所拥有的更多一些而已。

日本物理学家汤川秀树认为，创造力不是一种天外飞来的东西。创造力的问题最终可以归结为创造力隐藏在什么地方以及通过何种手段才能使它发挥出来的问题。

托兰斯（Torrance）认为，创造是一个过程，包括感知问题、寻找解决途径、提出方案、检验评估和沟通结果等。托兰斯还补充道，这个过程还包括最初的设想、不同角度的观点、对原有模式的突破、重组构想或者发现构想间的新联系。

斯滕伯格在《创造力的概念：观点和范式》一文中提出："创造力是一种提出或产出具有新颖性（即独特性和新异性等）和适切性（即有用的、适合特定需要的）的工作成果的能力。"

日本学者中川昌彦在《15 种创造力》一书中提出："创造力就是能产生某种新价值、新效用的思维能力。"

在国内学者对创造力理论的认知中，较有影响的是能力论、总和论、品质论等几种有代表性的观点。能力论，认为创造力是一种能力。总和论，认为创造力是能力与素质的总和。品质论，认为创造力是一种智力品质。

我国学者刘道玉在其《知识、智力、创造力——谈创造教育》中提出："创造力是人们根据一定的需要、目的和任务，积极主动地发挥创造思维的作用去发现未被发现的新事物或对原有的知识、信息、经验进行重新加工、组合、归纳、演绎、实践等，从而得到新的知识、新的概念、新的产品、新的理念的综合能力称为创造力。"多数学者认为，创造力是指独创地解决问题的能力，包括产生新的想法，发现新的问题，创造新的事物等方面的能力。还有部分学者认为，创造力是指运用已有的知识与经验实现创造性思维成果的能力。

目前在我国，较一致的看法是把创造力定义为：根据一定的目的，运用一切已知信息，产生出某种新颖、独特、有社会或个人价值的产品的能力，这里的产品既指思维成果，也指物质成果。

二、创造力研究的历史与发展

对创造力起源的最早研究是建立在传统的神秘主义和灵性（spirituality）的基础上的。古罗马和欧洲中世纪时期是典型代表。中世纪之后，许多心理学家致力于把他们的研究深入到创造力的内在机制中去，试图揭示与创造成就相关的特征和个性。

为了探索创造力的内在机制，不少研究者呕心沥血，其间各种观点纷呈，归纳起来，有以下几种代表性观点：一是认为自然地耍弄观念、色彩、形式、关系的能力是创造力中最为重要的东西；二是认为对"游戏活动"似有极大兴趣的孩子们表现出极大的适应性和独创性，并比缺乏此爱好的孩子表现出更多的新思想，因而具有更高的创造力；三是认为那些特殊的"非专业"爱好者具有巨大的创造成绩，说明了兴趣爱好在创造活动中的重要性；四是认为许多具有文学天赋的青少年，在儿童期就喜欢设想他们想象中的朋友和生活伴侣，他们的创造力在早期就表现出来了。

历史的本质是人的实践活动。创造力研究不断深入的最大意义是确认了创造是人的本质属性。马克思主义从实践的根本观点出发，确认了人的创造性是人的本质属性，也是人的一种生存形态，是人的本性的延伸。

根据弗洛姆和卡西尔的观点，创造是人具备的一种基本能量，也是人的基本属性之一，是人之为人所必需的重要元素。弗洛姆指出，人是一种有自发创造性的动物，他不但"能够"创造，而且为了要活下去，他"必须"创造。在卡西尔看来，自发性和创造性是一切人类活动的核心所在，它是人的最高力量，同时也标示了我们人类世界与自然界的天然分界线。创造使人成为人：创造将人与世间一切生命区分开来，赋予人生以价值和意义，是个体前进和发展的基本推动力量之一。

虽然创造力起源研究有着非常悠久的历史，它的系统研究始于 20 世纪后半段。在这之前，早期的创造力定义可以分为两类，分别是过程定义和产品定义。1950 年，吉尔福特就任美国心理学会主席时的就职演说，通常被认为是科学地研究创造力的开始，他在演说中提醒人们去关注长期被忽略但却十分重要的一个领域——创造力。至此，才唤醒了人们对这个曾经被忽略的领域的关注。随着一些创造力研究机构的陆续出现，专业的期刊《创造性行为杂志》和《创造力研究杂志》等先后创立；一大批著名学者如吉尔福特、奥斯本、托兰斯、马肯农、斯滕伯格等运用不同的方法从不同角度进行研究；研究成果以学术论文和专著的形式纷繁呈现，创造力研究的影响不断扩大。

在吉尔福特之前，第一个系统研究创造力的人是英国心理学家、差异心理学之父弗朗西斯·高尔顿（Francis Galton）[1]。他着眼于天才研究[2]，后续的近百名研究者围绕这一主题展开，他们将天才定义为成就在更广泛领域里的认可。后来研究重点从心理转为智力调查，这种研究到 20 世纪 20 年代仍然盛行。20 世纪 50 年代的创造力研究主要集中于心理学领域。

20 世纪最初几年，世界上出现了一股热衷于在心理学学科中对创造力进行实证调查的潮流。主要有四个流派：精神分析学派、认知学派、行为主义学派和人文主义学派。

到 20 世纪 50 年代时，虽然还有部分学者的部分研究包括了对创造性智能

---

① 弗朗西斯·高尔顿是查尔斯·达尔文的表兄，是一名英格兰维多利亚时代的文艺复兴人、人类学家、优生学家、热带探险家、地理学家、发明家、气象学家、统计学家、心理学家和遗传学家。

② 例如：他在调查 1768—1868 年这 100 年间英国的首相、将军、文学家和科学家共 977 名获得智力成熟的人的家谱后发现，其中有 89 个父亲、129 个儿子、114 个兄弟，共 332 名杰出人士。而在一般老百姓中，4000 人才产生一名杰出人士。因此断言："普通能力"是遗传。在调查 30 家有艺术能力的家庭后，他发现这些家庭中的子女也有艺术能力的占 64%；而 150 家无艺术能力的家庭，其子女中只有 21% 有艺术能力，因此断言：艺术能力——"特殊能力"也是遗传的。

部分的调查，但是此后创造力研究主要集中于心理学领域，对创造力的研究主要围绕三个方面展开：人格研究、认知研究和如何促进创造力研究。

50年代以来，对创造力的研究逐渐发展成为一门超越心理学学科的跨学科研究议题。相当长一段时间以来，创造力在教育、认知、管理等领域中相关主题的研究越来越多，在广告、媒体、营销、新闻、产业、研究等组织及其行为中产生了许多的直观成果或效益。创造力的概念已融入相关领域学科脉络之中，亦即每个领域的创造力表现需有稳固且扎实的学科知识或理论做基础，而且创意本身还需要获得其所属领域学者们的认可。学术界对创造力的探究引发了全社会足够的重视，创造力的重要性开始显现。

80年代初，美国著名心理学家和教育学家霍华德·加德纳（Howard Gardner）提出多元智能理论，区分了七种智力形式，即语言智能、逻辑数理智能、空间关系智能、音乐智能、躯体运动感觉智能、人际交往智能和自我意识智能。该理论给了创造力研究许多启示和借鉴，既然存在多种形式的智能，那么也可能存在多种形式的创造力。如果把创造力看作一个静态结构和动态结构相统一的心理系统，那么它就是一个包括创造的目的、创造的过程、创造的材料、创造的结果、创造力中的认知和非认知因素等诸多复杂心理结构的系统。

80年代以来，随着创造力重要性的不断体现，创造力研究有了新的进展，创造力定义也出现了新的发展，其中，最具代表性的要数阿马比尔在1982年提出的有关于创造力的两种定义，即创造力的评定一致性定义和创造力的概念性定义。此外，创造力人格定义也出现了。

对于创造力的研究一直存在着两条研究路线：一是将人的创造视为某种特殊的心智历程，而侧重于创造性思维一般规律性的探索；二是视创造为个体的某种特殊能力倾向，侧重于对创造个体的人格品质或特征的研究。后者是我们在研究中重点关注的方向。

三、创造力的影响因素

斯滕伯格说："创造力是可以培养和训练的。"那么我们就要认真研究创造力的构成，进而从中找到创造力发展能够产生显著影响的因素。

麦金农（Mackinnon）在1961年曾提出，可以从人格、过程、情境、产品四个角度来发展创造行为的观点。近年来，许多研究者都支持创造力多侧面的本质，建议从这四个角度界定创造力的操作性定义，并将这四个角度的评价结合起来对创造力进行多种测量。

比较有代表性的理论是由芝加哥大学心理学教授米哈伊·奇凯岑特米哈伊提出的创造力系统理论、斯滕伯格与卢伯特的创造力投资理论、霍华德·加德纳的创造力互动观等。

奇凯岑特米哈伊从演化的观点出发，提出创造力系统理论（Three-pronged Systems Model of Creativity），创造力是从构成该系统的三要素之相互关系交互作用中产生的。其中创造力的个体因素（person）涉及与生俱来的敏锐性、讯息处理的技巧，也可能与早期的经验有关，如出生的顺序、社会阶级或者宗教信仰等。此外，发现问题的敏锐性会让个人更接近创造的境界。（如图 2-1 所示）

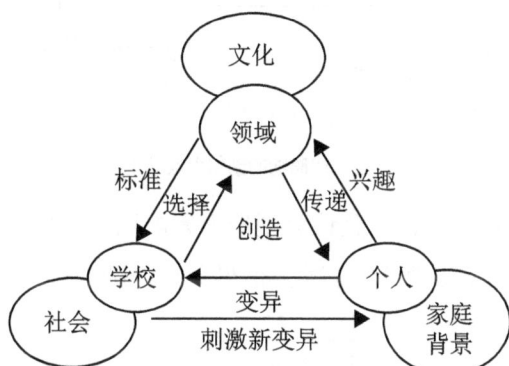

图 2-1 奇凯岑特米哈伊的创造力系统理论

学界对创造力系统理论的评价：该观点同时考虑影响创造力的各个层面，其创意之处在于以演化的观点，结合与描述了各个子系统间互动的关系，这样的观点对创造力的研究提供重要的启发。

美国心理学家斯滕伯格提出的"创造力三维模型"理论，认为创造力由智力、智力方式和人格三个既相互联系又相互独立的维度组成。另外，斯滕伯格和卢伯特在相关问题上也做了大量的研究和概述。在斯滕伯格与卢伯特的创造力投资理论（也有人称之为"创造力多因素理论"）中，提到创造力需要智力、知识、思考风格、人格特征、动机、环境等六种不同但相互关联的因素的汇合，形成一个支持性、有回馈机制的良好环境。

加德纳依据奇凯岑特米哈伊的创造力系统理论，提出一种观点，那就是"Creativity Interactive Perspective"——创造力互动观点。他认为创造性个体有三大要素：个体要素（individual）、他人要素（other persons）和工作要素（work）。这三个要素的互动成就了创造行为，其中的个体要素的主要构成中就有品格。（如图 2-2 所示）

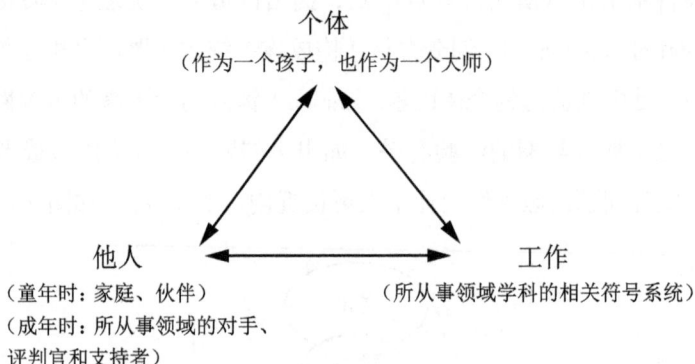

个体
（作为一个孩子，也作为一个大师）

他人
（童年时：家庭、伙伴）
（成年时：所从事领域的对手、
评判官和支持者）

工作
（所从事领域学科的相关符号系统）

图 2-2 加德纳的创造力互动观点

根据对前述观点的分析，我认为创造力影响因素中的主体特性影响因素，尤其是其中的品格因素层面的影响尤其值得引起重视。（如图 2-3 所示）

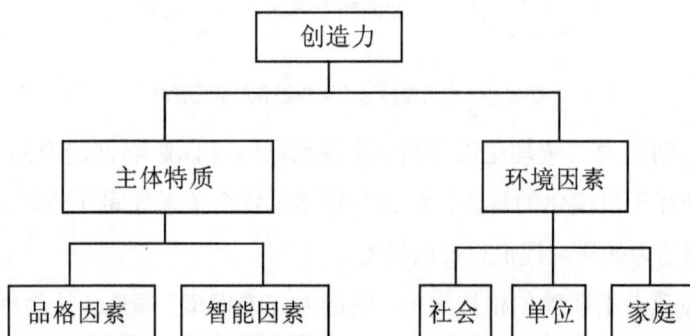

创造力
主体特质
环境因素
品格因素　智能因素
社会　单位　家庭

图 2-3 创造力的影响因素

创造力的影响因素主要有以下几个。

1. 智力因素

已有研究结果显示，个体智力因素与创造力表现在一定程度上相关。高创造力必有高智力，高智力却不能保证有高创造力。推孟在对智商的研究中发现，在儿童期测到高智商的人往往长大后在事业上的成就高于一般智商的人，由此有人认为，智商与创造力在一定程度上相关。但盖泽尔斯[①]等人认为，高智商的人未必有高创造力。他们将创造力测验得分在前 20% 的人和智商分数前 20% 的人抽取出来加以比较，发现创造力得分前 20% 的人都不在智商分数前 20% 内，尽管其平均智商达 127。而智商在前 20% 的人其创造力得分也不在前 20% 内。从这一研究可以看出，智力的高低与创造力的大小并不完全同步。但这一研究也不否定创造力与智商相关的结论，因为创造力得分高的被试者其智商分数也很高。

可见，智力因素对创造力的影响是有限的，智力与创造力两者的关系可以具体概括如下：第一，个体智力水平低，一般少有较高的创造表现；第二，个体智力水平高，也不一定就有较高的创造表现；第三，创造力水平较高的个体，其智力因素不会太差；第四，创造表现低的个体，其个体智力水平并不一定就低。这表明：第一，个体的智力因素与其创造力的发展并不是同步的，主要原因是创造力的关键影响因素以品格等非智力因素为主；第二，个体创造性才能的发挥需要基本的智力保障，其智商水平不能太低；第三，创造者的智商应该在一个适度的范围之内，低于或是超过这个范围，智力同创造性的相关性就不再明显。

2. 品格因素

通过比较高低创造性个体发现：高创造性个体经常是具有某些典型的品格特征，如独立、自信、对复杂问题感兴趣、审美取向和冒险精神等。

有研究者曾对众多诺贝尔奖奖金获得者的智商做过调查，结果发现，他们成功的关键不是因为高智商，而是在于他们具有创造性的品格。阿马比尔、巴伦、艾森克、高夫和麦金农都注意到，一些个体特征往往是创造性人物的标志性特征，主要包括判断的独立性、自信心、对复杂问题的兴趣、美学定向和冒

---

① 盖泽尔斯，芝加哥大学创造力测验（Chicago University Test of Creativity）的编制者之一。

险性。

卡特尔的 16 种因素人格理论中也有相关论述,其观点大致包含如下内容:人格主要包括了心理学中的大部分个体要素,即情感、意志、个性心理品质等,其中积极推动创造的要素有:明确坚定的目的性,强烈的求知欲和探索热情,坚忍不拔、百折不挠的毅力,不安于现状、敢于怀疑、标新立异的思维品质及强烈的社会责任感和科学献身精神,这些因素对智力活动起补偿作用,对创造活动是否获得成功有至关重要的影响。

大凡创造者都有独特的个性特征。俞国良在其研究中称:"只要回顾一下中外伟人(如爱迪生、巴甫洛夫、施特劳斯、爱因斯坦、郭沫若等)的创造过程和创造业绩就足以证明:创造个性特征与认知、情绪、态度和行为密切相关。"长期以来,国内外心理学家一直关注着个人特征(个性或品格)对个体创造活动的影响,并借此提出了各种不同的理论和见解。

在创造力影响因素的调查中,从 20 世纪 50 年代开始,研究者从某些个性特征或品格与创造力的正相关或者负相关进行更狭窄领域的研究,像教条、守旧、自恋、挫折、韧性、得意、轻狂、容忍等都在其中。将其中属于品格外延领域的要素加以分析,我们就不难推论出这样的结论:创造力的品格影响因素的研究正在浮出水面。

在相关问题上也做了大量的研究和概述后,斯滕伯格和卢伯特都支持一些关于品格要素对创造力运作的重要性的观点,这些品格要素包括自我效能和克服障碍的愿望、进行明智的冒险和对模糊性的忍耐。值得一提的是在以两位为代表的众多学者中都有这样的共识,那就是影响创造能力发挥的品格要素包括上述明显要素构成且不仅限于此,比如,随着研究的深入,他们又提出:一个人如果想以创造性的方式思考和行动的话,就应当愿意站出来勇敢地抵抗世俗。

吉尔福特提供了一张创造者特征表:对问题的敏感性;流畅性,其中包括形象流畅性、语词流畅性、联想流畅性、表达流畅性;灵活性,包括自发灵活性和顺序灵活性;独创性;分析能力;综合能力;发现或改组新定义的能力;思维强度、洞察力、穿透能力。美国心理学家戴维斯总结前人的研究成果,在第 22 届国际心理学会议上指出:具有创造力的人,独立性强、自信心强、敢于冒风险、具有好奇心、有理想抱负、不轻信他人意见、对复杂奇怪的事情会感受到一种魅力，而且有创造性的人一般都具有艺术上的审美观和幽默感，他们的兴趣爱好既广泛又专一。钱曼君等以青少年创造发明获奖者为对象的研究表明，创造型青少年学生具有共同的个性特点，如好奇心、独立性、恒心、适应性、自信心、精力旺盛等。

教育心理学家肯尼思·哈伍德曾比较了以"高"和"低"创造成果表现特征的两组年青科学家，发现前一组表现了相当的自信和对抗社会压力的能力，而后者经常有在周围人们中建立良好印象的欲望，并企图加强他的支配力和控制力。埃利思·托兰斯等在调查高中学生后获得了类似的结果。

其后的研究者将这一方向进一步深入，将天才创造者的个体特征概括如下：强烈的动机（strong motivation）、忍耐力（endurance）、知性的好奇心（intellectual curiosity）、守诺或负责（deep commitment）、独立思考和行动（independence in thought and action）、证明自己的强烈愿望（strong desire for self-realization）、高度的自我意识（strong sense of self）、高度自信（strong self-confidence）、开放（openness to impressions from within and without）、为复杂和不清楚的事项所吸引（attracted to complexity and obscurity）、高度敏感（high sensitivity）、对事情的大量感情投入（high capacity for emotional involvement in their investigations）。

3. 环境因素

有积极和消极两方面。主要是通过个人的活动动机起作用。其中尤为重要的是宽松的外部环境和正确的激励促使内部动机发挥作用。不适当的外在行为会使内部动机下降，只靠高水平的外在动机，反而会使创造力遭到扼杀。

后续研究可以将创造性环境的分析进一步围绕下述问题深入。关于有利于创造力养成或表现的环境因素的研究，主要包括宏观的社会环境如社会政治、经济制度、国家相关政策、健康的风气、文化传统及社区特点等；个体所处的微观的小环境如家庭氛围、团队气氛、领导（教师）风格、团队学习及知识共享等。由此看来，该因素大多是要通过影响品格等个体特质而作用于个体创造力的。

关于创造力环境的研究逐渐开始引起国内相关学者的研究兴趣，我们也会在后续研究中进一步深入探讨。

四、创造力的可教育性

创造力可否通过适当方式训练养成？《学会生存》一书明确地指出了教育对于人的创造能力的价值："教育既有培养创造精神的力量，也有压抑创造精神的力量。"美国众议院民主党在 2005 年提出的一份报告《创新议程：致力于保持美国第一的竞争力》中更是鲜明地强调了自己的信念，即教育对国家创新具有不可忽视的价值。

有研究表明：那些勤于创造性活动的人更擅长控制自己的大脑。演说家、喜剧演员、运动员等在即兴游戏中表现出色，就是源于他们经常进行两种思维模式转换的训练。长期不懈地训练可以改变神经类型。

美国通用电气公司在员工中开设了"创造工程"的课程，结果表明，那些通过该课程培训的员工，在发明创造和获得专利的速度等方面的成绩是其他员工的 4 倍。美国心理学家托兰斯夫妇曾调查分析了有关创造力训练的 142 项研究，并把训练的变量分为 9 类。在研究中，他们发现创造力通过教育和训练得到提高的达到 72%。（见表 2-3）

表 2-3　托兰斯夫妇对 142 项创造力教育和训练研究的摘要统计

训练方法	研究数目（项）	成功百分比（%）
1. Osborn-Parnes 创造性解决问题的程序	22	91
2. 一般语言训练和创造性研究方法等的"学术方法"	5	92
3. 包含整套训练资料的复杂计划	25	72
4. 应用创造性的艺术作为训练工具	18	81
5. 传播和阅读	10	78
6. 课程和行政的安排	8	50
7. 有关教师、教室的变数	26	55
8. 动机、报酬、竞争等	12	67
9. 改进测量情境、提高创造力	16	69
总数	142	72

来源：托兰斯夫妇的研究成果（Torrance E. P., Torrance, J. P., 1973）。

米哈伊·奇凯岑特米哈伊等人经过长期研究创造型人才的童年生活后发现，创造型人才往往成长于一个鼓励发表不同意见的家庭：父母鼓励孩子表达自己的观点，同时维护家庭的稳定；他们满足孩子的需求，同时要求孩子掌握技能。在这种环境中成长起来的孩子有一种适应性：当他焦躁的时候，知道要避免混乱；当他无聊的时候，会寻求改变。

教育对创造力的影响得到研究者较多的关注，因而也就成为创造力研究最重要的视角之一。

国内著名心理学家林崇德教授提出了"创造性人才＝创造性思维＋创造性人格"的观点。在众多的创造力培养方式中，品格教育由于前期的相对缺位，在当代大学生创造性能力培养上将会显现出突破性的进展和重大意义。

20世纪50年代以来，随着学术界对创造力的影响因素研究的深入，"创造力是可以被影响的"假设得到证实。研究者对教育应优先发展的创造力开始表现出强烈关注。到90年代，研究者开始更多关注普通民众的创造力及其教育问题。

第三章

创造力品格——一种独特的创造力影响构成

具备什么样品格的个体，其创造力表现会更加优秀呢？

相关研究表明，个体在创作实践过程中所取得的创造成果是创造主体的个体特质和个体所处的环境交互作用的结果。虽然存在着相互作用，但我们在分析创造主体的个体品质的影响时，暂时先将环境因素放在一边。

本研究的主题是：创造性主体需要具备什么样的个体特质？一个人要想在学习、生活、工作、科研、创业、管理、艺术创作等各种工作中有所创造、有所突破并进一步实现创新价值，就需要有良好的知识理论储备、敏锐的洞察力和直觉、良好的记忆力等相关个体特质，也需要有积极的理想、坚定的信念、丰富的情感、广泛的兴趣和坚强的意志等非智力因素类个体特质。

研究发现，智力水平与创造力水平并不是完全成正比的。

传统认知中更重视智力能力因素对创造力的影响，相对忽视了非智力因素对创造力的影响。教育中谈到创造力培养时，更多精力投入在智力因素的培养上，容易产生忽视非智力因素的倾向，这也使本研究在认同上的困难增加，同理，也会使相应的结论具有更加实际的现实指导意义。

《中国青年报》在1999年曾经刊登的一份调查报告显示，在我国大、中学生中，具有初步创造力特征的青少年比例较低，仅占被调查者的4.7%，这与创新型国家和地区（如美国、加拿大、西欧、以色列等）相比，相差甚远。大多数中国青少年思考问题循规蹈矩，解决问题讲究严格的步骤，不愿提出显得无知的问题，对老师或课本上的说法不敢怀疑，等等。

可见，我们的教育在提高创造性人才培养水平和发展其创造性个体特质上，与创新型国家还相距甚远。建设创新型国家，培养创新人才，我们还有很长的路要走。

培养创新人才，不仅要重视创造性思维的训练，而且要特别关注创造力品格的培养；创造教育不能仅限于智育范畴，而要充分发挥德、智、体、美等各方面的整体作用。

第一节　创造力品格的概念

关于创造力品格，美国心理学家吉尔福特在 1950 年的心理学会讲话中最早提及相关的概念，他认为：创造力品格就是创造力高的个体在创造性行为过程中表现出来的品质特征。这个概念阐明了创造力品格的主体是表现出创造性行为并达到一定程度的人，也就是吉尔福特所称的创造力高的个体；同样阐明了创造力品格是在创造性行为过程中体现出来的，创造性行为又包括发明、设计、策划、创作和计划等活动。吉尔福特进一步说："从狭隘的意义上讲，创造力是指人们所特有的能力……"换句话说，以吉尔福特为代表的心理学家所研究的创造力问题初步体现出人本特性的特点，研究的落脚点是创造性个体特质的问题。相关研究者通常把个体的品格定义为其独特的特质模式，是把人们区别开来的相对持久的方式；心理学家尤其对人们活动表现出的这些特质即行为特征感兴趣；伦理学者则对品格特质中的道德品质和行为方式关注更多，不论学者来自哪个领域，基本都会认同品格的行为特征表现在个体的兴趣、态度及气质、品质等诸多方面……由此可见，创造力品格是标志创造性人物的创造性个体特质模式的核心。

本书认为，创造力品格是一种设想结构，是具有一定结构和层次的内在的稳定系统，它表现为创造性个体基于较高的道德标准去探求解决问题的正确方法时所体现出来的共同的品行特征。

一、创造力品格的研究发展与分类

20 世纪 50 年代，随着创造力研究的迅速发展，创造力品格相关的研究也随之得到了系统的快速的发展。

已有的研究中，将与创造力品格研究主题相关的文献区分成三类。

1. 由品格相关的个体特质理论解释创造力

以品格理论来探讨创造力，如心理分析论、人本论等学派都有从品格相关的个体特质理论角度来解释与研究创造力的特征。

2. 从具有创造力者身上或其产品中找寻创造力品格的特质

从 1950 年起，多位学者从有创造力的名人传记数据（biodata）中找出有创造力的品格具有何种要素，以便预测具有创造力潜能者。国内外部分创造力研究的学者也用这种方式进行过研究。其中比较典型的有霍华德·加德纳，他在《创造力七次方》中从 20 世纪最著名的创造力代表人物中，按照专业领域的标准选取了 7 位著名的代表人物进行详细的生平分析。加德纳称这 7 位代表人物为摩登时代的创造者，他们分别是弗洛伊德、爱因斯坦、毕加索、斯特拉文斯基、爱略特、格雷厄姆、甘地等。其中在描写爱因斯坦时，作者引用了这样一段文字来说明品格的重要性："爱因斯坦在 1901 年那段举目无着的失业日子里，肯定想到了斯宾诺莎的人生之旅，他深有所悟地领略了叔本华的处世之道：'平静而安详的性情，完美的健康和健全的机体，明晰的、活跃的、透彻的和可靠的理智，有分寸的、高贵的意志，以及明澈如镜的良心，这些是名望和财富不可替代的优势。就人的一生幸福而言，无论要做哪一种人，人的品格，绝对是第一位的和最本质的事。'"

3. 集中研究某项特质与创造力的关系

不同于广泛找寻具有创造力的品格要素，这类研究挑选可能与创造力有关的主题，进行深入的研究，如控制信念、自我或自我统合、武断、自恋等。加德纳在研究弗洛伊德身上的创造特质时提到一个理论，即具有军事领袖情结是某种创造性天才的共有特征；而他在谈到爱因斯坦时则认为有两点与爱因斯坦的创造力密不可分，一是孩子般的好奇心与思考方式，二是爱因斯坦个性中的矛盾性或两极张力是无处不在、无时不有的：他向往孤独，却又不时介入世事；

他对世事淡漠，却又对人充满同情和热情；他超然物外，却又俗事缠身；他精神无限自由，却又受良心和道德的牢牢约束；他充满幻想，却又脚踏实地；他幽默、好开玩笑，甚至有时有点恶作剧和玩世不恭，但对社会正义与公正又有十分严肃的责任感，并狂热地捍卫；等等。

我们在研究中将综合上述三类研究的成果，加以筛选和整合，从而为我们提出明确的创造力品格观提供佐证和支持。所以，我们研究的基本出发点包括视创造力为个体较恒定的特质，具体说来，是立足于以人为对象主体的创造力相关研究，着重于通过品格与创造力的相关分析，为进一步挖掘潜藏于普通个体身上的创造力特质提供理论指南。

纵观已有研究可见，创造力品格的概念源自"人格"的概念，同时兼顾非心理学专属领域中的品质和行为方式。理想、情感、兴趣、意志和性格都属于其涉及的内容。创造力品格指表现出或潜在高创造力特征的个体所具有的与低创造个体不同的品质与行为方式。具体说来，创造力品格指创造性人才主体在创造实践中所形成的良好的智力品质、道德品质及行为习惯。

二、天才与普通人的创造品格差异

创造性人才，是指改造自然和社会的活动中，具有发明和创造能力的人们。用吉尔福特的原话说是："表现出创造性行为并达到一定程度的个体是创造力人才。能力人人皆有，但在征服自然和改造社会的过程中，各人能力发挥作用的大小、水平的高低却是有差别的。只有那些具有敏锐的思维和创新性，能在自然和社会发展中的难题和新问题面前充分发挥其才能，以新颖独特的创造去解决问题的人，才称得上创造性人才。"

马斯洛（Abraham Maslow）[①]依据创造力成果的价值，把创造力分为特殊才能的创造力和自我实现的创造力。前者指创造力天才如科学家、发明家、艺术家和作家等特殊个体的创造力，他们的创造产品对于整个人类社会而言是前所未有的；后者是开发普通个体自身潜在的创造力、自我实现意义上的创造力，其成果或产品不拘泥于影响的大小，但对于创造者自身而言是新颖的且有实用

---

① 亚伯拉罕·马斯洛（Abraham Maslow，1908—1970），美国人本主义心理学家，以需求层次理论（Need-Hierarchy Theory）最为人熟悉。

价值的。创造力天才往往在其个体特质中某一个要素上表现很特殊，比如近似精神分裂的性格、偏执、神经质或极端自我等。

从创新型国家的角度而言，上述两种创造力表现形式都具有非常重要的意义，从高等教育提升创新人才培养水平的需要和知识创新管理的角度来看，自我实现的创造力可以包括特殊才能的创造力，而且其涉及对象较广泛，实践指导意义更大。所以我们在研究中重点关注后一种，也就是自我实现的创造力的个体品格特质。

1. 创造力天才的特殊品格特征

回顾中外创造性天才的代表人物（如爱迪生、巴甫洛夫、施特劳斯、爱因斯坦等）的创造过程和创造业绩就足以证明：创造性个性特征与认知、情绪、态度和行为密切相关。而在这些与个性发生千丝万缕联系的其他心理特征中，我们可以从众所周知的事实和现象中发现明显到令人惊诧的特征，如创造性天才对似乎毫无意义的客体表现出高度专注的持久兴趣；他们在许多方面极端近似于孩子般的天真幼稚，有难以驾驭的倔强脾气、对简单事实的固执己见和顽固误解，以及由"俏皮语言"和自我克制所带来的喜悦。霍华德·加德纳在《创造力七次方》中所介绍的7位在20世纪具有典型代表性的创造性天才人物的个性足以令读者打破原有的天才品格观，他们或多或少在其品格上存在一定的特殊性，现在我们可以把这些特征称为适度的精神病理特征和异常认知风格。

如果上述发现还不足以令人惊奇的话，那么艾森克的研究结论会令你有这种感觉。精神分析学派代表学者艾森克认为，无论是艺术领域还是科学领域的天才人物，都表现出高水平的精神分裂症状。艾森克有不少研究都支持创造性天才人物和精神分裂病人很多时候有着相当大程度的一致性表现。他认为精神质（P值）与创造力之间有显性相关。P值高的个体易产生新奇的想法，也易患精神疾病，精神质可能是产生创造性思维的根源与研究精神病学的基础。

亚里士多德说："没有一个天才不是带有几分疯癫。"著名科学家丁肇中则说："一个天才和一个神经不正常的人的距离是非常短的。"莫斯科精神病学研究所主任弗拉基米尔·埃夫罗伊姆松教授说："世界上许多伟人更容易得遗传病，而精神病占第一位……事情就是这么怪：天才越是精神失常，他的成就也就越大。"

无独有偶，近年来，国内曾经有两本比较畅销的书与此话题相关，书名分别为《天才人物非正常性格启示录》和《天才在左，疯子在右》，两本书似乎想要说明同一个观点：天才和疯子只有一步之遥。前一本书作者以人物传记的方式记录了历史上一些天才人物的个性特色。后一本书作者耗时 4 年，深入医院精神科、公安机关等诸多机构，得以和数百名"非常态人类"直接接触，最终产生了这 48 篇访谈手记。更匪夷所思的是，这本有关精神病人访谈手记里所罗列的内容涉及人体、心理学、哲学、生物学、宗教学、量子物理学、符号学、玛雅文明及预言等震撼性话题。

《天才人物非正常性格启示录》这一传记在传达这样一种思想：天才人物之所以在人类历史进程有着超常的作用和独特的历史地位，主要在于其具有超常的意志和超常的毅力。同时进一步揭示：天才人物有着与众不同的情感世界，因此独身者占据了其中的大多数；天才人物敢于蔑视一切法律和道德规范，其性格常常表现出与众不同的怪异。

《天才在左，疯子在右》这本访谈录所记载的精神病患者并非我们平时所想象的那样。这些疯子们的日常言行及其思维之天马行空，让作者感觉到这些家伙几乎个个都是天才，他们的创造力远远超过正常人，内心世界更是比普通人丰富上百倍。这让人们了解到了疯子抑或天才的真正的内心世界。据相关记录显示，该书的内容引起了剑桥物理研究院等国际研究机构的关注。

是不是真像大家所说的"天才与疯子难道真的只有一步之差"呢？我们从海外相关领域的研究中去查证就会发现，除了艾森克外，还有不少学者持相同观点，而这些学者大多数来自心理学相关领域，如精神病学者或医生等。有学者用现代精神病理学的分析方法，研究了近代 300 位著名人物后得出了以下结论：在政治家中，17% 的人有明显精神病特征，如希特勒、林肯、拿破仑；科学家中，有 18%，如高尔登、门德耳、安培、哥白尼、法拉第；思想家中，有26%，如罗素、卢梭、叔本华；作曲家中，有 31%，如瓦格纳、普契尼、舒曼；画家中，有 37%，如凡·高、毕加索；小说家和诗人中的比例最大，竟达 46%，如福克纳、普鲁斯特、劳伦斯、莱蒙托夫。他进行了 10 年的研究后发现，创造性的才华和病态的心理，确实有着某种联系，天才中多有精神疯狂病症，而精神疯狂症又时常能激发灵感和创造性。莫斯科精神病研究所的费拉基米尔·埃夫罗姆松在该领域也进行过相关研究。

从一些天才人物的表现来看，也不难找到证据。英国科学家近期研究发现，伟大的科学巨匠牛顿实际上也是个抑郁症患者。牛顿除了在科学领域取得惊世成就之外，还是个自私、狭隘及好斗的怪人。牛顿不爱开口说话，即便对屈指可数的几个朋友也是表现出冷漠或坏脾气。有时即使没人听课，他也会对空无一人的教室讲课。在牛顿50岁那年，终因抑郁与偏执而导致精神失常。另外，种种迹象表明，在大科学家中患此病的还有哥白尼、安培和爱因斯坦。据有关部门统计：一般在1000人中平均只有4人患有轻度躁狂抑郁症，而在天才中则是这个比例的10倍以上。伊戈尔·斯特拉文斯基，加德纳在《创造力七次方》中将他作为20世纪舞蹈领域中的创造力天才的代表。其天才表现为：在舞台上，他能够以最轻盈、最动人的技巧，跳出最具难度的舞步；在编导上，他的代表作《牧童的午后》和《春之祭》已成为现代芭蕾的经典。但令人遗憾的是，在1919年，不到30岁的斯特拉文斯基患上了严重的精神病。荣获了1994年度诺贝尔经济学奖的约翰·纳什，被誉为如爱因斯坦那样的天才数学家，在小时候就很孤僻内向；稍大些后，人们对他的评价是"古怪"或"离经叛道"，他有时认为自己是上帝的一只左脚，有时告诉人们他是南极洲帝国的皇帝；在他30岁事业走到巅峰时，却患上了精神疾病。类似的例子还有很多：人类历史上最伟大的思想家之一尼采，他生命中的最后10年是在疯人院度过的；还有法国思想家布莱斯·帕斯卡尔、德国哲学家黑格尔、意大利小提琴演奏家尼科洛·帕格尼、波兰钢琴家肖邦、俄国大音乐家华西里·康定斯基、德国作家约翰·克里斯托弗·席勒、法国作家小仲马、俄国作家列夫·托尔斯泰、德国作家歌德、英国女作家维吉尼亚·伍尔芙、法国象征主义典范诗人阿尔蒂尔·兰波、奥地利精神分析学的创始人弗洛伊德、德国画家阿尔勃莱希特·丢勒等，这个名单还可以不断延长下去。

加拿大的医学工作者经过深入研究，将某些天才人物的非正常表现概括为"威廉斯综合征"。他们发现，这些外在的个体特征很有可能和基因排序有关，很多患有心理学家称之为"才智过度症"或"严重精神分裂症"的天才创造者，极有可能是基因排列失常造成的。

基因排序的异常是一种先天的情形。基因排列的失常固然有可能迅速提升个体的智力和创新、创造表现，产生影响深远的天才艺术家、科学家和思想家，但往往也伴随着极大的不安全因素，极易引发精神类疾病就是其中之一。

但是，国内大多数相关学者并不认同这一观点，他们认为，精神分裂并不是成为创造力天才的必要条件，因为，我们可以轻易地找出更多的天才创造者不是精神病患者的例证。我们认为，关于创造性天才个体特征的研究应该放在建设性的层面，从中发现可以供普通个体提升创新、创造潜力的个体特质因素。

个别创造性天才人物存在部分个性失调或者说一定程度的精神病理特征和异常认知风格，在个性异常方面有不同表现，使其区别于一般创造性人才的品格特征，同样也使其不具有普遍性指导意义。当然他们身上也有一些共同的代表创造性人才普遍性的品格特征，值得我们去关注和在教育中进一步实践。

巴奇托尔德、奇凯岑特米哈伊、费斯特、杜德克、加伍德等的研究相对缓和了对天才人物的研究过多聚焦于其非正常一面而给我们带来的异常冲击，较客观地总结创造性天才人物在其个体特质上的比较普遍的规律性特征。他们的研究表明：首先，创造性天才人物具有较高水平的自我取向的特质，包括内向、独立、傲慢、敌对、敏感、孤独和退缩。费斯特也指出：在高创造性科学家中，"敌对"是很常见的特征。其次，创造性人物具有的第二类特征包括内驱力、雄心、自信、经历开放性、思维灵活性和活跃的想象力。这第二类特征，将是创造性天才人物和普通创造性人才在品格中可以找到共同点的地方。

巴伦和哈林顿等将被认为有创造力天才个体特征中可供普通人对比学习和借鉴的要素进行分析，发现他们在某些品格特质上确实存在着明显特征，这些特质包括独立判断力、自信心、对困难的兴趣、审美倾向和冒险性等。巴伦归纳了科学家共同的品格特征为：高度的自我坚定力及稳定的情绪；对于独立与自治有强烈的需要，自我满足、自我领导；有效地控制冲动；超常的能力；喜欢抽象思考，并有求知和赞美的欲望；具有高度的自我控制力及强烈的意识；等等。

2. 一般创造性人才的品格特征

关于一般创造性人才的普通品格特质的描述尚未有定论出现，但对比国内外研究中相关论述，多少可以将比较有代表性的一般创造性人才的共同品格特征加以概括。

这里引用其中的部分观点加以说明，并为下一个小节的内容做铺垫。

德国心理学家戈特弗里德·海纳特提出创造性人才具有以下特征：不受利己主义干扰，不追求强权威望和功绩；不受冲突畏惧和强迫的干扰，敢于坚持真理，不怕风险；不受紧张刺激的干扰，能够减少不必要的信息输入，专心于自己的事业；与对象统一，创造性地把动机和精力完全放在要解决的问题上，甚至将问题与自我视为同一；与集体协作对话。

芝加哥大学心理学教授米哈伊·奇凯岑特米哈伊与 91 位创造性人物进行深入访谈后，发现这些创造性人物有许多共同的个体特质，它们是 10 组明显正反、相互对应的个体特质：精力充沛——沉静自如、聪明——天真、责任心——游戏心、幻想——现实、内向——外向、谦卑——自豪、阳刚——阴柔、叛逆——传统、热情主观——冷静客观、开放——敏锐。

阿马比尔访谈了 120 位来自不同公司的科学家，并发现 10 项个体特质有助于问题解决者之创意发展：拥有多项证明的人格特质、高度的自我动机、特殊的认知技能、冒险导向、丰富的专业经验、高水准的所属团体成员、广泛的经验、良好的社交技巧、聪颖，以及不为偏见及旧方法所束缚的处事态度。同时也发现下列 5 项个体特质阻碍创造力的发展：缺乏动机、不具弹性、缺乏专业的能力或经验、具有强烈的外在动机，以及缺乏社交技巧。

斯滕伯格通过对人们的创造力进行内隐认知的研究发现，大多数高创造力者具有思维灵活、辨别力强、好奇、敢于怀疑社会规范、不墨守成规、自信、自律、有审美力等品格特征。

在推孟的研究中，通过对 800 名男性被试者中的 20% 成就最大的和 20% 成就最小的进行比较研究，发现成就最大组的某些品格因素如有理想、慎重、有进取心、自信和不屈不挠、坚持性等明显高于成就最小组。对青少年学生创造发明获奖者的调查表明，获奖者有 10 多种个体特征与同年龄组的学生存在显著的差异，如独立性、责任心、自我期望、自制力、自信、勤奋、有恒心、适应性、情绪稳定性、求知欲、好奇心、好胜心、机敏、独创性和精力旺盛等。

伍德曼（Woodman）等研究者提出与创造力有关的个体因素为智力、独立、自信、风险承担、内控人格与忍受模棱两可。奥尔德姆（Oldham）等人综合了近年来学者们对创造性个体特质的研究结果，认为高创造力者具有下列品格特征：广泛的兴趣、容易被事物的复杂性所吸引、敏锐的直觉、高度的审美观、对模糊情境的忍耐度高、强烈的自信心。这些个体特征与创造力测验的表现有稳定的正相关。

吉尔福特认为，创造性人才的个体特征是：有高度的自觉性和独立性；有旺盛的求知欲；有强烈的好奇心，对事物的运动机制有深究的动机；知识面广，善于观察；工作中讲求条理性、准确性、严格性；有丰富的想象力和敏锐的直觉，喜好抽象思维，对智力活动与游戏有广泛的兴趣；富有幽默感，表现出卓越的文艺天赋；意志品质出众，能排除外界干扰，长时间地专注于某个感兴趣的问题上。

国内学者在这方面的研究中也达成了一些共识。例如：作为创造性人才，应该对国家、对民族、对人类自身的文明进步有一种强烈的责任感和使命感，并愿意为人类的进步事业做出贡献；具有良好的人际关系，充满自信，乐观向上，善于与他人合作；具有良好的道德认知能力，脱离低级趣味，从事并胜任体现人类最崇高智慧的事业。

林崇德将创造性个体特征概括为 5 个方面：健康的情感、坚强的意志、积极的个性意识倾向、刚毅的性格、良好的习惯。

有研究者利用自我评价法以问卷的形式调查了 30 名科技工作者，结果排在前 5 位的因素是责任感、兴趣、求知欲、事业心、勤奋。有学者在对科技发明大奖赛获奖大学生的品格加以研究后，得出了一系列与创造相关的个体特征，如高敏感性、高控制性和低乐群性等。还有学者用"卡特尔 16 种人格因素量表"对中国科学技术大学少年班的学生进行人格测查，发现了高稳定性、高恃强性、高敢为性、高创新性、高自律性、低乐群性、低兴奋性、低敏感性、低怀疑性和低紧张性等创造性个体特征因素。

罗玲玲等认为，创造性人格由具有责任感和牺牲精神的进步的人生态度、肯定的自我意识、强烈的内在动机、创造性认知风格和高情感智慧组成。

还有学者认为，健康的品格应包括坚定的自信心、献身科学的内驱力和坚韧的意志力，这是创造主体拥有强大创造力和创造意愿的内在素质。在陈欢庆的《创造力开发教程》中提到，创造性人才的品格特征中比较明显的有强烈的好奇心、顽强的毅力、勇于进取的精神等。

上述学者所提及的创造力品格大多立足于积极人生态度、优秀认知特征、坚强负责的行为特质、理性自制的个体修养和合作关爱类情感要素等五大类品格领域之一或其若干领域中。

三、我们的创造力品格观

中外学者关于创造性人才的品格特征的概括可能并不是完全一致的，甚至有些看起来还是矛盾的，尤其是创造力天才和普通创造者的品格特征的矛盾性尤甚。纵观近大半个世纪的相关研究，我们认为这并不奇怪。创造力品格的认知是一个渐进的过程，所有研究者所发现的特征会随着研究的深入在本质层面逐渐契合，最终会证明其本质是一致的。但就目前的研究成果而言，无论是心理学界还是相关的伦理学、教育学和管理学等学科交叉研究领域，尚未提出一个广为接受的创造力品格构成要素分布。鉴于此，本研究将在已有研究基础上进行相关的推测和检验，结合国内外相关研究文献，进一步考证影响大学生创造力的个体品格要素，为现行教育尤其是高等教育中提高创新人才培养水平，加强创造力品格教育的探索和实践提供理论依据、方向性指导和研究参考，谋求破解创新人才培养水平不高的难题之良方。

正如《创造力手册》中所言，我们已经有了关于品格和创造力的诸多研究成果，现在需要做的是，用自己发展起来的方法和方式使之更加系统化，更有鉴别力。

笔者认为，创造力品格是创造性个体基于较高的道德标准去探求解决问题的正确方法时所体现出来的共同的品行特征，是创造性个体特质中的聪明才智与德性修养、感情因素与行为方式等要素之和。鉴于国内外学者长期以来的研究中，从上述角度出发的创造力品格研究所形成的大多数共识都落在了品格的知情意行等层面的优秀程度上，所以，本研究架构的创造力品格应该包含上述维度：积极的人生观、优秀的认知方式、优秀的做事风格、理性的自我约束和关爱合作的感情要素等。

研究创造力品格的落脚点在于通过对创造力品格施加影响，从而提升普通个体的创造表现或者保护其创造潜力。创新人才培养教育的目标不仅包括创造力天才个体，还包括大多数普通创造性人才，创造力品格研究在兼具上述研究成果代表性的基础上，更应体现其普遍性指导价值，因此在方向上，创造性人才的普遍品格从整体上看应由积极健康的心情、态度与行为风格构成。

第二节　创造力品格的结构

研究创造力品格，在明确其重要性和基本内涵后，重要的内容是厘清创造力品格的要素构成。

一、已有研究中涉及的创造力品格构成分析

创造性人才的品格要素构成在国内外相关学者的研究中已经有所涉及，国外涉及创造性个体特质的研究相对较多，个别国内学者的研究中也开始有"创造力品格"一词出现，我们接下来会对涉及该领域的学术研究中关于创造性人才与品格相关的个体特质进行筛选和整理分析。（见表 3-1）

表 3-1　国外学者的创造性个体特质分析

学者	年份	与创造力品格相关的个体特质	所涉及维度
吉尔福特	1950	有高度的自觉性和独立性；有旺盛的求知欲；有强烈的好奇心，对事物的运动机制有深究的动机；知识面广，善于观察；工作中讲求条理性、准确性、严谨性；有丰富的想象力、敏锐的直觉，喜好抽象思维，对智力活动与游戏有广泛的兴趣；富有幽默感，表现出卓越的文艺天赋；意志品质出众，能排除外界干扰，长时间地专注于某个感兴趣的问题上	认知品格 行为品格 自律品格
马林诺夫斯基	1969	仁慈的个性有助于创造力，除此之外，还有勇气和冒险等	关爱品格 行为品格
戴维斯	1980	独立性强、自信心强、敢于冒险、具有好奇心、有理想抱负、不轻信他人意见、对复杂奇怪的事情会感受到一种魅力、有艺术上的审美观、有幽默感、兴趣爱好既广泛又专一	积极人生观 认知品格 行为品格
加德纳	1993	专注（沉浸于其工作）、有弹性、生活方式独特、高效地运用其知识和经验	行为品格 认知品格
奥尔德姆 卡明斯	1997	广泛的兴趣、易为事物的复杂性所吸引、敏锐的直觉、高度的审美观、对模糊性（模棱两可）的情境的容忍度高、强烈的自信心	人生观 认知品格
伦科	2004	冒险、独立、动机、适应、发现问题等	认知品格 行为品格

续 表

学者	年份	与创造力品格相关的个体特质	所涉及维度
巴伦	1981	广泛的兴趣、审美观、为事物的复杂性所吸引、充沛的精力、关心工作与成就、独立思考和判断、直觉、自信、忍受并解决冲突、喜欢创造创新（动机）	积极人生观 认知品格 行为品格
托兰斯	1988	勇敢、独立思考与判断、诚实、坚毅、好奇、愿意冒险	行为品格 认知品格
伍德曼	1990	智力、独立、自信、风险承担、内控人格与忍受模棱两可	行为品格 认知品格
斯滕伯格	1995	自我效能和克服障碍的愿望、进行明智的冒险和对模糊性的忍耐	行为品格 认知品格

来源：文献整理。

表3-1对国外有代表性的创造力品格要素观点进行了总结。实际上近年来，国内一些学者对创造力品格相关的研究也有涉及。（见表3-2）

表3-2　国内学者对创造性个体特质的分析

学者	年份	与创造力品格相关的个体特质	所涉及维度
段继扬	2000	兴趣广泛，求知欲强，喜欢对新奇事物用心思；思维灵活，反应敏捷，工作效率高；联想丰富，语言流畅，能恰当而迅速地表达意见；勤奋热情，专心致志，一心扑在工作上；观察敏锐，思辨精密，能发现别人不易发现的事情；勇于进取，渴求发现，不满足已有的结论；坚定自信，执着追求，深深理解自己行为的价值；坚忍自制，不辞辛苦，能在克服困难中体验到成功的乐趣；独立性强，从众性少，遇事有主见；献身事业，服务社会，时常产生革新创造的念头	积极人生观 认知品格 行为品格 自律品格 关爱合作
林崇德	2000	健康的情感、坚强的意志、积极的个性意识倾向、刚毅的性格、良好的习惯	知情意行
罗玲玲	1998	具有责任感和牺牲精神的进步的人生态度、肯定的自我意识、强烈的内在动机、创造性认知品格和高情感智慧	积极人生观 认知品格 行为品格 自律品格
陈欢庆	1999	强烈的好奇心、顽强的毅力、勇于进取的精神	认知品格 行为品格
韦铁	2000	奉献、进取、兴趣、自信、独立、合作、好学、热情、忍耐	积极人生观 认知品格
俞国良	2003	独立性、好奇心、创造者的勇气、问题意识	认知品格 行为品格

续 表

学者	年份	与创造力品格相关的个体特质	所涉及维度
吴静吉	2002	小心谨慎的、诚实的、诚挚的、有信心的、幽默的、不拘形式的、有洞察力的、智力高的、兴趣广泛的、见解独到的、深思的、自信的、性感的或有魅力的、不附会的、做作的、能干的、灵巧精明的、平凡的、保守的、传统的、不满足的、自我为中心的、个人主义的、兴趣狭窄的、有发明能力的、有礼貌的、机智多谋的、势利的、顺从的、多疑的。	积极人生观 认知品格 行为品格 自律品格 关爱合作
叶玉珠 吴静吉	2000 2002	主动学习动机强、愿意成长、不断求进步、勤奋、坚忍不拔、能享受工作乐趣及创造过程的喜悦、对工作具有高度热忱与承诺、企图心强、追求高远目标、期待被肯定、精力充沛、内控（认为成败操之在我）、有耐心、关心工作与成就、组织与分析能力强、好奇、好问、具有丰富专业知识、观察力敏锐、深思熟虑、喜欢质疑假设、要求证据、喜欢质疑与测试新的观点以求改进、逻辑思考能力强、独立思考能力强、好辩、喜欢广泛涉猎非专业领域的知识、善于运用逆向思考、直觉敏锐、做建设性批评、自我监控（自我调节）能力强、乐观进取、善于吸取别人的经验、经常自我反省、诚实面对自己、多才多艺、富有想象力、变通力强、好胜心强（自尊心强）、叛逆、倔强、心胸开放、具有幽默感、机智、警觉性高、善于管理自我的情绪、细心体贴、能忍受暧昧情境、面对失败能自我解嘲、有主见、喜欢独立思考、独立自主、不从众且不在意别人的看法、不受拘束、不为偏见与旧法所束缚、个人主义、喜欢标新立异、需要独处或喜欢独自工作、喜欢尝试、具有冒险精神、喜欢复杂与具有挑战性之工作、自信、急进、冲动、勇于接受失败、果决、喜欢与人互动、愿意分享创意、勇于表达自己的看法与才能、重视人际关系、沟通能力强、不喜交际、喜欢帮助别人、支配性强、喜欢阅读、兴趣广泛、喜好思考、常有创新的点子、喜欢解决问题、喜欢创新、喜欢自己动手拆东西及修东西、具艺术兴趣与审美观、有收集资料的习惯、喜欢发明、以兴趣为做事的主要考虑依据、凭感觉和直觉做决定、率真、孩子气（童心未泯）、富有情感、不抑制自我、较不自责	积极人生观 认知品格 行为品格 自律品格 关爱合作

可见，纵然长期以来，创造力研究在许多领域取得了重要的进展，但对侧重价值与伦理的个体创造力品格的研究尚未形成明确认知。根据已有研究文献的整理结果，我们把创造力品格研究落脚于个体品格特质构成中的认知品格层面、价值追求层面、做事态度层面、节操修养层面和关爱合作情感层面等，也即个体在创造活动中体现出的乐创性、坚韧性、自制力、关爱心和公德心等若干个品格层面。

二、创造力品格的要素建构

根据我们在研究中对创造力品格的界定，结合国内外的研究进行分析和总结，我们将其中符合我们所说的创造力品格概念的品格要素构成进行多角度筛选，基于49项品格要素，将其中与上述国内外研究中提及的创造力品格要素进行分析归类，并通过对大学生和教师及部分相关领域研究者的访谈，对上述已有研究中的创造性个体特质要素进行归并和整理，结合实证分析的需要，提出供本研究使用的创造力品格的5个维度12类要素构成，分别是关心、爱护；公正、无私；智慧、敏感；勇敢、坚强；诚实、守信；主动、负责；节制、理性；宽容、忍耐；勤奋、努力；感恩、欣赏；乐观、向上；服务、奉献等。（见表3-3）

表3-3　创造力品格12个层面构成表

维度	要素	说明
认知品格	公正、无私	公正是抛开私利、远离偏见，对每一个人一视同仁……
	智慧、敏感	机会、教育，知识与经验的准备及对机会的敏感……
生存品格（价值追求）	感恩、欣赏	感恩、欣赏与鼓励……
	乐观、向上	乐观、积极……
	服务、奉献	服务、捐献……
做事态度	勇敢、坚强	勇气、坚毅……
	诚实、守信	可靠、诚实……
	勤奋、努力	工作设定方向，全心投入，达成目标……
节操修养	节制、理性	谦逊、理性、自律、管理……
	宽容、忍耐	宽恕……
关爱品格	主动、负责	专注、主动、负责，勇于承担责任，并对自己的选择和行为负责……
	关心、爱护	关爱、友爱是富有爱心、同情心，是指照顾别人，合作意识……

来源：作者整理。

创造力品格的概念模型如图3-1所示：

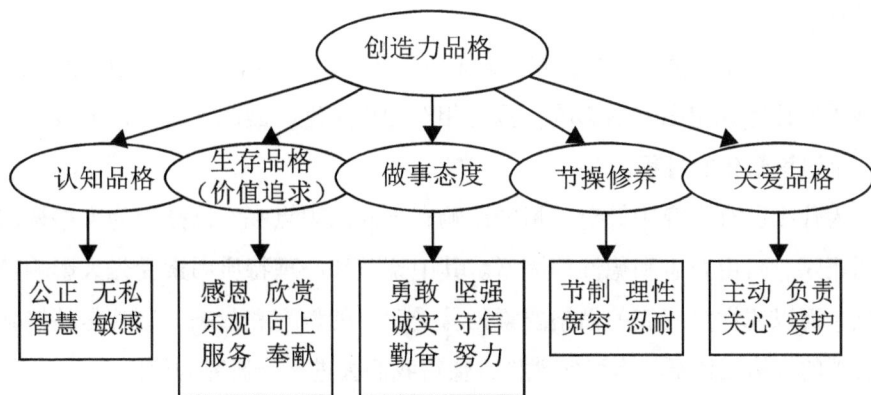

图 3-1 创造力品格概念模型

第三节 创造力品格可教吗

在已有的创造力与人格研究评述文章中已经开始关注对创造力品格进行干预研究。如果进行适当的干预训练，创造力与相关个体特质间的关系会发生怎样的变化？什么环境、什么干预措施会更有助于创造力的提高？这些都是未来研究应解决的问题。

高校提升创新和创造性人才的培养水平的教育实质，在于在实施素质教育、引导学生全面发展的基础上突出创新能力和创造性个体特质的培养，特别是创造力品格的培养，使学生通过受教育的途径去提升创新的基本素养和能力，在知识、能力、品格等方面互相融合，在科技与人文、知识与人性之间寻求合理的张力。

一、品格相对于人格更有可塑性

早期心理学家对人格的研究结论是人格的形成完全由遗传基因决定，因此，是不能在后天的教育及社会文化环境影响下发生迁移的。而现代心理学家通过进一步的研究一致认为：人格的形成既有遗传的成分，又有后天环境与教育的作用，是逐渐形成的，具有可塑性。艾里克森认为，人格是我们的遗传本能与周围环境相互作用的结果。可见，创造性人格的发展受个体自身和环境两方面的影响。

　　人格的可塑性使创造性人格的培养和开发成为可能。同时，我们也意识到，人格受遗传等稳定因素的影响，具有相对的稳定性，因此，对人格的教育应当是一个潜移默化的过程。

　　为什么已有研究中针对人格的影响有不同的观点呢？这是因为人格构成中包括禀赋、自由意志和德性等因素。其中禀赋和心理特质因素受先天影响较为明显，而以德性为代表的品格要素则易受后天的教育和影响。这就是品格教育比宏观的人格教育更具有可实践性，值得我们去进一步研究的原因。

　　社会的开放程度和价值观念会对创造力品格产生明显的影响。有学者以印度男女学生为对象，比较了两性间创造性的异同。由于印度社会女性倍受环境限制，社会期望女性表现坚强的自制、和气、服从及从众，不期望女性表现任何野心，以及表现超越常理的或独立创造的思想，因此，印度女性在创造力上显著低于男性。

　　提出和认同人格动力结构相关理论的学者则认为，人格是人经由社会化获得的具有内在统一性和相对稳定性的个人特质结构和动力结构，是人的发展状态和水平，是人的自然生命和价值生命的统一，是人的生存方式和样式。该理论体现了马克思主义的世界观和人格观，强调社会化和实践。其认为人格有基本结构，这个基本结构有三级并由八种力量构成。这三级结构是人格的需要、人格的判断、人格的行为选择；而八种力量是在三级结构中体现出来的八种人格力量，分别是生存需要力、归属需要力、价值需要力（又称发展需要力）、思想道德力、智慧力、意志力、反省力和人格行为选择。这应该是基于弗洛伊德的"本我、自我和超我"人格结构理论及马斯洛的"需求五层次理论"进一步发展的成果。为进一步的人格教育与发展提供了动力支持并可供品格教育借鉴，尤其是以陈秉公为代表的部分国内学者，直接将发展后的人格动力结构理论运用于高校思想政治理论的实践。（如图 3-2 和图 3-3 所示）

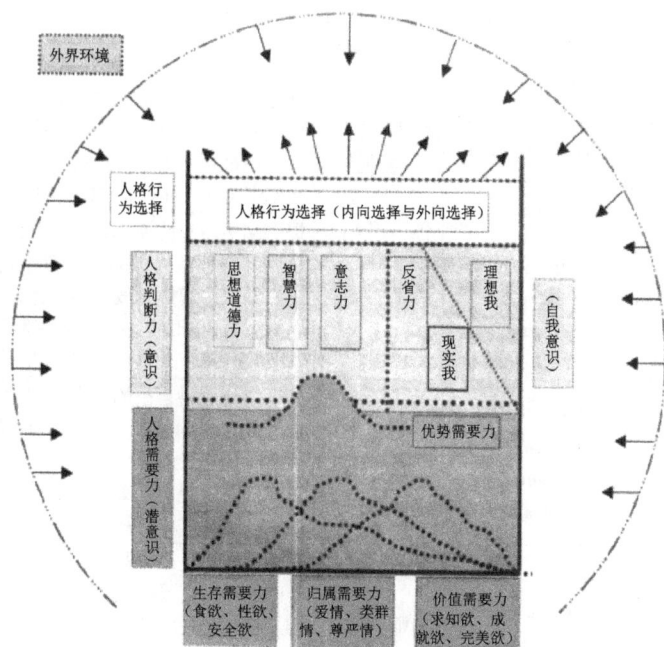

图 3-2　人格动力结构

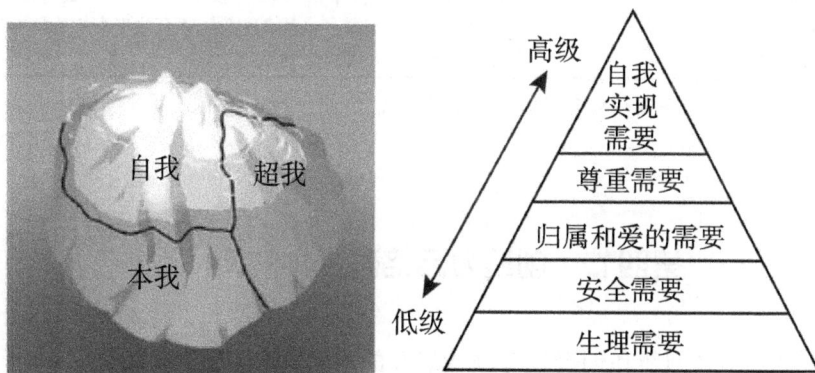

图 3-3　弗洛伊德的人格结构理论及马斯洛的"需求五层次理论"

二、品格教育的早期实践与研究数据

蓝带学校的品格教育实践：美国"蓝带学校颁奖计划"（the Blue Ribbon Award Program）。（见表 3-4）

表3-4　美国品格教育主要网站一览

网站名	网址	适宜对象	主要内容简介
The Center for the Advancement of Ethics and Character	http://www.bu.edu/education/caec/	教师、家长、学生	简称CAEC，为波士顿大学伦理学与人格发展中心所建，网页高雅大方，提供相当丰富的网络资源链接，清楚区分教育工作者、家长及学生三个类别，针对类别提供相关信息。
Teachingvaules.co	http://www.teachingvalues.com	教师、家长	提供品格教育的原则，点出其价值，并附简短说明。特色是提供品格教育原则的相关故事，图文并茂，编排雅致且易于阅读，备有电子书以供下载；同时也有针对品格教育的活动设计；开辟儿童园地，供13岁以下的小网友投稿。
Human Development and Family Science-Young Children	http://www.he.c.ohio-state.edu/famlife/yc/index.htm	家长	父母如何照料自己的孩子，网站数据丰富，包罗万象。分为成长与发展、了解与引导行为、照料幼儿等三大项，针对三大项链接相关网站。另外提供研究、政策报告及美国儿童相关福利措施等资料。
The Character Education Partnership	www.character.org	教师、家长	简称CEP，是品格教育伙伴为了发展美国青少年的品格教育及公民美德，打造一个更富同理心及责任感的社会而建。网站提供品格教育新闻、书籍、相关出版品，以及在线讨论区，提出11项有效的品格教育原则。
The Character Education and Civic Engagement Technical Assistance Center	www.cetac.org	教育管理人员、地方教育工作者、公众	向全国的中小学教育工作者、家长和社区提供有关品格教育和公民教育的丰富信息和资源。

来源：田贵华．美国学校品格教育研究[D].武汉：武汉大学，2005.

第四节　创造力品格研究中的新问题

随着近年来创新和创造教育领域研究的不断深入，关于创造性个体特质的研究也有了很多新的进展，并发现了一些需要解决的新问题。

一、基于人本主义的创造性人才培养研究

相当长一段时间以来，受国外心理学领域研究的影响，国内的创造力个体特质相关研究，更多体现出基于科学测量和实证研究为代表的科学主义风格特征，这些研究风格明显代表了国内相关领域对科学和实证研究的重视，是国内

创造力个体特质研究领域中的一道里程碑，但创造力个体特质研究中科学实证风格的盛行同时也意味着在非实证研究领域的某种缺失或者一定程度上的理论上的困境。在这种背景下，以人为本的个体应然现象与对应创造力研究亟须拓展并发出应有的声音，重视并加强对整体创造力品格的研究和应用探索，将为创造力领域的进一步发展提供健康的引导和发挥应有的启示性价值。

关注创新人才培养的研究将突破实证研究的单一模式，科学主义与人本主义并重的研究风格将得到进一步的发展。随着教育学和管理学相关领域的研究对关爱思想和人性化思想的日益重视，可以预见，包含创造力品格研究在内的创造力个体特质相关领域的研究将会呈现更加受关注和更加多样化的研究取向，在原有的以科学实证研究为基础的研究模式基础上，下一步的创造性个体特质相关研究将逐渐从科学主义走向科学主义与人本主义并重的研究思路。

以人为本的创造观就是视创造力为人的一种内在本性，是人的本性充分展开时必然会达到的一种境界。这种创造观主要是在人本主义心理学中得以体现的。人本主义心理学强调重视人的尊严、价值、主体性，从人性的角度、从健康人的品格发展的角度来看待人的创造力。人本主义创造观具体研究以下方面：（1）创造力本质观，即创造力是人的内在本质或本性的体现，也就是"人人具有创造力"，这实际上是创造力研究领域中的"元问题"（Meta-problem）；（2）创造力发展观，即创造力是创造力品格的副产品。正是从这个意义上讲，人本主义创造力发展观是一种品格发展观；（3）创造力教育观，即以人为中心，培养完美品格的、人性充分展开的、在生活的各个方面更具有创造性的人；（4）创造方法论，亦即一种整体动力论（Holistic-dynamics）的观点。也就是说，从整体人个体特质的发展来看创造力，并视创造力为创造力品格的一种副产品。

二、团体创造力研究中的创造力品格

团体创造力研究在 20 世纪 80—90 年代兴起，目前已成为创造力研究领域的一个新方向、新热点。本研究限于研究规模，没有大规模展开团队创造力相关的实证调研。本团队已经有一定量的相关成果出现。如王黎萤与导师合作的"国内外团队创造力研究述评"及"研发团队创造力影响因素的探索与验证"等等。后续创造力品格研究会在"团队创造力"开发层面跟进，在此不再赘述。

第四章

创造力品格的实证研究设计

第一节　实证研究的架构与设计

一、研究思路与框架

提出假设：个体创造力品格要素对个体创造力表现存在明显程度的影响。

设计问卷：参考前人的研究体会及其他的一些文献资料，整理出创造力品格的构成要素，并依据其大类划分，进行结构和分层的概括，确定待测创造力品格概念模型。从影响创造力的五个品格层次出发，遴选和确定待测创造力品格要素，然后根据研究的需要，针对相关要素并依据研究出发点的判读和思路编写适当的叙述或问答语句，作为相关量表的内容。

预试及修订：依据创造力品格结构划分表，定义量表的初稿，结合初测分析，请教相关专家进行效度和信度的评议，听取修改意见，进一步整理和修订问卷量表，编制出正式测量用的问卷量表。

进行正式测量和数据分析：选取调查对象，收集数据，结合概念模型进行因子分析对比，将分析出的影响因素纳入相关性分析和进一步进行回归分析，以验证创造力品格的五个构成维度对创造力表现的影响。

由此可见，本研究的实证检验部分的研究流程主要有六个部分，如图 4-1 所示：

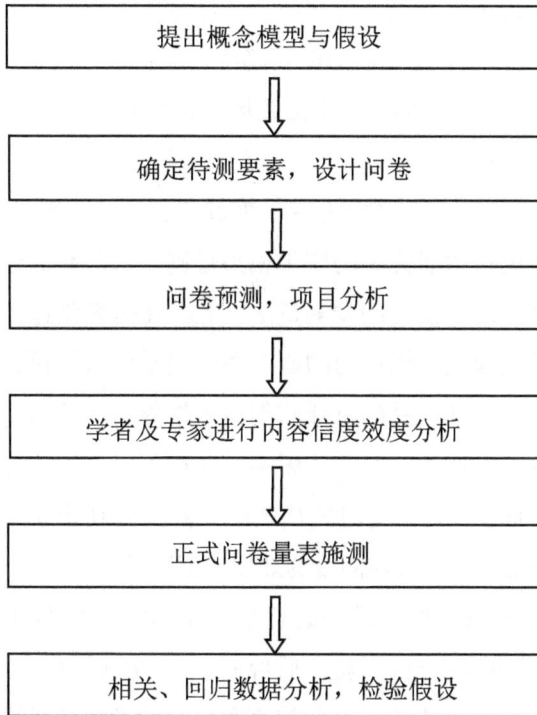

图 4-1 研究流程

二、研究方法选取与对照

已有对创造力品格和创造性人格的研究，大多集中于心理学领域，问卷和量表测量是其最主要的研究手段。

相关研究在研究方式方法上面的取向具体表现为：有的研究关注个体思考方式的认知倾向与能力，更多的研究探讨个体人格特质与创造行为直接的关系。

在研究类别方面，已有的创造性个体特质研究分为三类：个体差异研究、追踪研究和结构研究。

个体差异研究，关注典型创造者的个体特征。该类别研究又分为两种思路：其一，是对科学界和艺术界已经做出突出成就，或被公认为有创造力的人进行回溯性研究；其二，是对专家或其他公众认为的高创造者所应该具有的品质进行探索。

随着信息社会的扁平化潮流，在涉及个体特质类别研究的领域中开始出现一个比较令"人本主义"者感到欣慰的新趋势，那就是，创造力研究的对象日益由特殊领域（杰出人物）走向日常生活领域（普通人），逐渐关注普通人的创造潜能。

从研究方法看，主要有问卷测量法、实验研究法和个案研究法。

问卷测量法在创造力研究中的应用相当普遍。从已有的成果来看，大量针对创造力的研究都倾向于使用问卷测量法，尤其在研究创造性个体特质方面依赖更甚。问卷测量法应用于创造力的研究主要包括创造性过程、创造性对象的人格和行为特征、创造性产品的特征和创造力培养的环境四个方面。问卷测量方法在创造力测量方面产生了很大的影响，通过可以客观评分的测量工具，促进了研究的开展；而且，将研究范围从杰出人群扩大到普通人群。问卷测量技术面临的最主要的批评是创造性测量的效度证据不足。

创造力问卷测量或心理测量的起点是吉尔福特的发散性思维测验，即智力结构（SOI）的发散性产品测验，后经托兰斯改进，称为创造性思维测验（TTCT），还有盖茨尔斯和杰克逊及沃拉克和科甘的发散性思维测验和米克尔用于诊断发散性思维缺陷的智力结构—学习能力测验等。我们在问卷的创造力测试部分，使用了托兰斯创造性思维测验的相关成果。

在创造性个体特质研究方面，工具选择上涉及的心理学领域的人格量表比较多。目前比较常见的有卡特尔 16 种个性因素测验（Cattell's 16 Personality Factor，简称 16PF）、明尼苏达多项人格测验（Minnesota Multiphasic Personality Inventory，简称 MMPI）、加利福尼亚人格量表（California Psychology Inventory，又称加州人格量表，简称 CPI）、迈尔斯布里格斯类型指标（Myers-Briggs Type Indicator，简称 MBTI 职业性格测试问卷）、托兰斯创造性人格自陈量表（又称"你属于哪一类人"）和威廉斯创造性个性倾向量表（Williams Prefer Measurement Forms，又称威廉斯创造力倾向测量表）；除此之外，还有一部分相对前面几种而言使用面相对少的测量工具，如高夫形容词调查表（Gough Adjective Check List）、艾森克人格问卷成人卷（Eysenck Personality Questionnaire，简称 EPQ）、戴维斯和利姆使用的"发明创造性才能的集体调查"和荣格的内向—外向人格测验等。

卡特尔 16 种人格因素问卷是由美国伊利诺州立大学人格及能力研究所雷蒙德·卡特尔教授经过二三十年的研究确定了 16 种人格特质，并据此编制出来的测验量表。卡特尔认为"根源特质"是人类的潜在、稳定的人格特征，是人格测验应把握的实质。

实验研究法主要通过实验的方式去研究影响创造力的因素及其表现形式。实验研究法在相当长时间内为相关研究者所常用，但是也有不足，已有研究中，研究者大多围绕其中的一个或几个影响因素进行实验研究，难以做到全面。国内学者是这样评价实验研究法的局限性的：首先，实验研究很难涵盖创造力的整个范围，上述的各种研究都是由不同的学者独立完成的，通常研究的是复杂的创造力的一个方面；其次，实验研究忽视了一类重要的群体——杰出的创造性人物；再次，实验研究过程中对大量的变量进行了控制甚至剔除，在多大程度上代表自然情境中的真实状况就值得怀疑。

个案研究侧重对创造力个体尤其是创造力天才进行研究。自高尔顿的《遗传的天才》开始，创造力个案研究逐渐受到重视，特曼和科克斯对著名天才个体的追溯研究、格鲁伯对达尔文的研究、华莱士和格鲁伯的 12 个认知个案研究，以及加德纳对弗洛伊德、爱因斯坦、毕加索等 7 个个案的研究，是创造力研究领域中最为经典的个案研究。

个案研究比其他研究方法更加真实、丰富和生动，但是同样也有其自身无法避免的不足。斯滕伯格提出了一点，那就是大量的个案研究如果不积累 20 个或更多的个案，很难得出一些重要结论。还有一个问题是，个案研究对研究者和个案的代表性要求较高。

三、创造者个体特质研究指标案例

对现有研究案例的学习，将会为本研究提供可资借鉴的研究思路和经验参照。在文献分析基础上，我们重点学习了以下两个创造力个体特质研究的案例。一个是"全国青少年创造能力培养调查与对策研究"，该项研究由教育部科技司、共青团中央学校部和中国（科协）科普研究所联合发起，由中国政法大学的马抗美和中国科普研究所的翟立原共同负责开展，从 1997 年开始，历时 3 年，通过对全国 31 个省（区、市）的 11800 名大学生和中学生进行问卷调查和统计分析，了解和分析我国青少年学生的创造力现状并进行培养探索；另一个是北京、广州、香港和台北四个城市大学生对创造力特征及创造力人才的认知调查，该调查由香港城市大学应用科学系岳晓东于 2000 年前后发起，通过对上述四个城市共 451 名大学生进行调查和研究，了解大学生对创造力的认知情况，其研究架构为本研究的实证调研带来了方法上的启发。

1. 全国青少年创造能力培养调查与对策研究

该项研究在调查中发现，被调查者中自认为具有初步创造人格和创造力特征的青少年比例上升，自认为有自信、个性的占 59.3%，有强烈兴趣、好奇心的占 48.1%，有怀疑精神的占 43.1%，有较强意志力和进取精神的占 51.1%。同时具有上述四项人格的被调查者（初步具有创造人格特征）只占 11.0%，这个数字已经比 1998 年的调查结果 4.7% 增长了近 150%。有半数的被调查者具有过于严谨、思维定势、从众心理、信息饱和等不利于创造性思维发展的人格特征。相对其他调查而言，该项调查的涉及面广，调查人数多，比较容易发现问题；但是有一点值得注意，该项调查所用之问卷是自评性的，即认为自己是否具有相关特征。

2. 四个城市大学生对创造力特征及创造力人才的认知调查

该研究在调查中发现，四个城市的大学生在对创造力的内隐认知方面甚为一致，其中北京和广州的大学生认知表现更为接近，而香港和台湾大学生的认知也比较接近。在对高创造力特征的内隐认知上，四个城市大学生共同看重的因素有：有创造力、有创见、有创新、有观察力、有思考力、愿做尝试、有灵活性、有自信、有想象力、有好奇心、有个性和有独立性等。而在对低创造力表现的内隐认知上，四个城市大学生一致认同的条目有：呆钝、保守、跟随传统和愿做让步。该调查揭示了四个城市大学生在创造力内隐认知方面的现状，揭示了一定时期内四个城市大学生在创造力认知层面的差异，有一定的代表性，但尚不能准确反映当代大学生的创造力现状。

第二节 实证研究的问卷设计

一、创造力品格的问卷形式

本研究采取综合法编制自陈式的问卷量表（self-report questionnaire）进行设计和施测，并最终付诸正式数据搜集与使用。

所谓自陈式问卷量表，就是一种要求被调查者自行报告，回答关于他们在各种情况下的行为或感受等问题的测量工具或问卷。这些测验的题目大多涉及症状、态度、兴趣、恐惧和价值观等维度，被试者则要表明每个叙述句和自己的情况相符合的程度，或对每个题目的同意程度。对以人格或品格等为代表的个体特质的调查来说，自陈式问卷量表调查是最常用的评鉴方法。自陈式问卷量表调查法不仅可以测量外显行为（如态度倾向、职业兴趣、同情心等），同时也可以测量自我对环境的感受（如欲望的压抑、内心冲突、工作动机等）。在管理学、教育学、社会学和心理学相关研究领域中，由于所研究和调查的现象往往关注于被调查者对其社会情形、个体内在感受与想法的主观评价，所以经常要通过自陈式量表问卷进行调查。由于题目客观，做起来方便，自陈式问卷调查一直是个体特质类调查中应用最为广泛的一种调查方法。

通过文献分析，确定创造力品格的要素分层构成，进而设计自陈式问卷量表，进行调查和实证分析，对于创造力品格研究而言不失为一种简单并富有成效的实证测量方式。

自陈式量表的使用中，最常见的有如下几类。

第一种是从内容上来编写和确定品格要素的测验。这种方式采取的是逻辑法进行编写，根据某种要素构成理论或前人研究成果，确定要测量的要素题目构成。在心理学领域，大多数早期人格测验都采取这种方法，但如此编写的问卷缺点也比较多，最明显的是问卷题目和所要测试的特质直接的联系十分明显，指向性很强，一看就知道这个问卷要测试的特质是什么，因此非常容易使被调查者产生作假行为。当然针对这种明显的缺陷，在问卷设计中可以通过有意识地增加相对内容的测度，比如把两个社会期望上程度相同的项目作为一对，限定被试者不可逃避作答，可以从很大程度上弥补这种缺陷。

第二种是用因素分析法来编制品格测试问卷。使用因素分析的方法编制问卷可以不依据既有的理论或逻辑，从开放文献中广泛选取问题，如从书籍、报刊、网络、字典甚至特殊领域如病历本等挑选许多对个体特质的描述作为测试题。然后通过测试被调查者在各个题目中的表现或得分情况进行因素分析或其他相关分析，把所有相关的题目归结在一起，组成一组，每一组为一个因素，然后给每组定义一个名称，也就是品格的一个特质要素。用因素分析法进行人格测试最早始于奥尔波特。这种问卷编制方式在具体操作中，开始编入的题目数量较大，通过一轮轮的因素分析，把相关性不大的问题剔除，剩下的题目纳入最后的分析和判断，都可以有效地说明创造力品格的问题。

第三种是经验性的问卷编制类型。这种编制方式所采用的问卷，既不是主要依据理论和文献成果，也不是主要依靠大量题目为基础的因素分析，而是根据几种不同风格的个体对相同题目的不同反应，来实现问卷的区分度的测试。例如，将一份品格测试题给两组在某种特质上表现截然不同的人去做，如果两组人在此测试中反应明显不一致，说明这份问卷或测试具有区分这两种个体特质的特性，则可以保留此部分题目；反之，则说明没有区分度，就要剔除这部分题目。经验型问卷的典型，是明尼苏达问卷（MMPI）。明尼苏达多相人格问卷（Minnesota Multiphasic Personality Inventory，简称 MMPI）是哈撒韦（Hathaway）和麦金利（Mckinley）等于 20 世纪 40 年代初期编制的。

第四种，我称之为综合法。所谓综合法，就是将上述方法综合起来进行编制。首先，根据内容的定义和概念的逻辑推理，筛选出创造力品格的诸种可能要素选词编制成问卷，获取大量的一手数据；其次，采用因素分析法，降维，合并成若干同质因子，减少要素维度的同时使其相关性更加明显；最后，经过若干轮因素分析，剔除相关性不明显的题目，形成最终测验，再进行分析。

基于上一章对创造力品格进行的理论建构，本章内容将依据创造力品格的构成来设计问卷题目，再与专家和学者进行相关讨论分析、修订、试评，最后，制成正式问卷量表来进行调查和分析。

本研究中使用的自陈式问卷量表，在大学生个体基本情况调查相关部分使用选择题和较集中的量表题，在创造力相关领域部分使用非此即彼的判断性答题，部分使用选择题。问卷调查简洁而客观，能够较好地实现调查的意图。但是，自陈式问卷的有效性必须基于下面一些条件才能成立。第一，被调查者愿意按照自己的实际情况作答；第二，被调查者据实作答所依据的自身情况没有脱离实际，即排除了被调查者可能会受各种因素干扰，以至于不一定能完全正确地认知自身的情况，或者说被调查者对自己的观察不存在不正确的情况。以往的研究显示，上述两个条件也是最容易受到人们质疑的焦点。在相关研究中，学者们经常会发现这种情况：当研究者以我们所说的自陈式量表或问卷来测度或调查被调查者的个体特质时，一部分被调查者会表现出受某种反应倾向的影响，从而不能够准确表达自己的真实情况。出现类似情况的个体受访者或被试者的反应倾向包括如下几种：（1）社会期许（social desirability）；（2）装好（faking good）；（3）装坏（faking bad）；（4）唯唯诺诺（acquiescence）；（5）中庸（mediocre）；等等。

社会期许是导致被调查者做问卷或量表时作答脱离实际情况的重要原因之一。被调查的个体在回答问题过程中，为实现被社会所认可或赞许的心理期望，有可能会依照社会的期许或者要求做出不符合个体实际情况的反应和答案。国外的研究者也称其为"赞美动机"（approval motive）或"赞誉需要"（the approval need），如果题目所列举的情形是社会所希望或赞许的，被试者就会给予肯定的回应；反之，则会给予否定的回答。作为社会价值观念重点打造的社会价值准则或道德信念，是社会有序运行所不可或缺的规范，被调查的个体所做出的回应，从一定层面体现了社会价值规则的引领效用，这并不是一件坏的事情。但是作为从问卷了解被调查者的个体情况的真实性角度来考虑时，我们应该把这种情况考虑在内，并在一定条件下，通过合理的内容设计，适度避免类似情形的发生。

二、本研究的选词

创造力品格指标的选取是一项富有挑战性的任务，前期海外学者的研究已经得出接近一致的观点：个体的人格特质会影响创造力的发展。那么在这些个体特质中又有哪些品格要素，厘清创造力品格的要素，将为下一步的研究和进一步提升创新人才培养水平提供明确的理论路径，因此，创造力品格指标的选取意义非凡。

对创造力品格要素形容词的来源进行分析，本研究在选词过程中参考的数据之一是高夫（Gough）的"创造性人格量表"（Creative Personality Scale，简称CPS）。（见表4-1）

表4-1　高夫创造性人格形容词表

词　汇	翻　译	词　汇	翻　译
capable	有才能的	honest	诚实的
artificial	虚伪的	intelligent	聪明的
clever	机灵的	well-mannered	有礼貌的
cautious	谨慎的	wide interests	兴趣广泛的
confident	自信的	inventive	富有创造性的
egotistical	任性的	original	富有独创性的
commonplace	平庸的	narrow interests	兴趣狭窄的
humorous	富有幽默感的	reflective	爱思考的
conservative	守旧的	sincere	真诚的
individualistic	利己主义的	resourceful	足智多谋的
conventional	死板的	self-confident	充满自信的
informal	不拘小节的	sexy	有吸引力的
dissatisfied	不满足的	submissive	顺从的
insightful	富有洞察力的	snobbish	势利的
suspicious	多疑的	unconventional	反传统的

来源：作者整理。

本研究选词与量表编制参考之二是卡特尔16种个性因素测验，因为国内也有类似的案例，在模式上比较接近于卡特尔16种个性因素测验，所以在此将其放在一起讨论。卡特尔16种个性因素测验或16种个性因素问卷，是其中最富有代表性的；国内的，我们选取由湖南师范大学心理学研究中心在创造性人格研究方面所开展的创造性人格形容词选词案例。

卡特尔将因素分析的数理统计学方法应用于他的人格测验。他和助手等相关研究人员从词典、心理学文献和精神病学文献，以及日常用语中收集了描述人类个性特点的词汇4500多个，透过同义词的分析，整理出171个表示人格的最基本用语，然后根据这些词的相互关系，将其分成42组，称为人格的表面特质。表面特质直接与环境相联系，在外部行为中表现。卡特尔与其同事在约几十年时间里对不同年龄、职业、文化背景的人进行了大量的测量，发现了20种基本的特质，最先用A、B、C、D、E等命名，后来又收集到更多的证据。他对表现特质进行因素分析，得出十几个隐蔽在表现特质后面的根源特质。卡特尔认为，只要测量出 16 个根源特性在人身上的表现程度，就能知道他的人格。据此，他编制了"16 种个性因素测验"。

卡特尔 16 种个性因素测验中所涉及的 16 个方面的个体特征包括：乐群性（A）、聪慧性（B）、稳定性（C）、恃强性（E）、兴奋性（F）、有恒性（G）、敢为性（H）、敏感性（I）、怀疑性（L）、幻想性（M）、世故性（N）、忧虑性（O）、实验性（Q1）、独立性（Q2）、自律性（Q3）、紧张性（Q4）。

湖南师范大学在创造性人格研究案例中通过研究创造性人物的传记和面向创造性人才的开放式问卷选词，并将二者的结果根据一定的规则进行整合，初步选定了 100 个形容词，建构了一个创造性人格特质形容词表。

其研究中所涉及的数据源如下：在传记分析过程中，共筛选和分析创造性人物传记 296 本，得到创造性个体特质形容词 1152 个（发现词频 16745 次）；同样，在面向描述创造成绩明显人之个体特质的开放式问卷调查中，获得反馈形容词 420 个（词频总数为 1834 次）。在此基础之上，整合同义词，选择符合研究范围的形容词，并舍弃词频较低的形容词，合并两处结果为其选词数据。

本研究根据上述思路，将已有通过文献获取的创造性个体特质进行筛选，将已经获得广泛认同的 49 项品格特质构成与文献筛选中影响创造力的个体特质进行交叉对比，分析归类，并对大学生和教师及专家学者进行访谈，结合实证分析的需要，建构创造力品格的外延，即创造力品格量表的选词。

对于创造力品格的问卷选词，通过文献分析、开放性调查和专家、教师及学生的访谈，初步将创造力品格要素厘定为 12 个要素类别，分别为：关心、爱护（care）；公正、无私（justice）；智慧、敏锐（brightness）；勇敢、坚强（courage）；诚实、守信（faithfulness）；主动、负责（responsibility）；节制、理性（self-discipline）；宽容、忍耐（toleration）；勤奋、努力（diligence）；感恩、欣赏（gratitude）；乐观、向上（optimism）；服务、奉献（service）等，详见（第三章"创造力品格的要素建构"和表 4-2"创造力品格选词及结构层面"）。

通过参照国内外相关量表，并进一步结合中国文化及国情进行调查后，我们确定的创造力品格选词结果见表 4-2。

表 4-2　创造力品格选词及结构层面

序号	选　词	结构层面
1	关心、爱护	包括同情心、悲悯心、善良、友谊、仁爱
2	公正、无私	包括正义感、公平、正直的价值取向
3	智慧、敏锐	包括聪明、智慧、思维敏捷、反应迅速
4	勇敢、坚强	包括坚韧、独立、勇敢、毅力、坚毅
5	诚实、守信	包括忠诚、诚实、守信、重承诺
6	主动、负责	包括积极、主动、责任心强
7	节制、理性	包括自律、理性、节制
8	宽容、忍耐	包括宽容、忍耐、对模棱两可状态的包容
9	勤奋、努力	包括勤奋、努力
10	感恩、欣赏	包括感恩、欣赏、尊重
11	乐观、向上	包括乐观、向上、积极进取
12	服务、奉献	包括服务、奉献、不求回报地付出

来源：作者整理。

根据上述选词设计问卷，该问卷初始设计了包括 41 个题项的五分量表，经讨论研究和相关专家进行效度审核后保留 36 个题项。（见表 4-3）

表 4-3　创造力品格问卷题项表

创造力品格五分量表					
题　项	很不同意	不同意	一般	同意	非常同意
C1. 我富有爱心，是一个热心人					
C2. 我做某些事情前常要考虑别人会有何想法					
C3. 我具有同情心，能够理解别人，善于对别人的情绪做出反应					
C4. 我相信言行公正会产生或带来积极效应					
C5. 我有较广阔的视野，就事论事，较少考虑个人利害					
C6. 我在做正确的事情却遭遇不公时仍能坚持					
C7. 我精力充沛、思路敏捷					
C8. 我能迅速、灵活、正确地理解和解决事情					
C9. 我像周围大多数人那样精明能干					
C10. 我相信自己会在艰难困苦中磨炼得更好					
C11. 我有强烈的把事情完成的情绪					
C12. 面对挫折和困难我不会退缩					
C13. 我尽可能地做到总是说实话					
C14. 我喜欢公开地、直截了当地表达思想和感情					
C15. 承诺过的事情我一定要做到					
C16. 我会主动发现工作，有时也喜欢自己做主					
C17. 我总是尽力做得至少比别人所期望的要好一点					

创造力品格五分量表					
题 项	很不同意	不同意	一般	同意	非常同意
C18. 对我来说，最重要的事情是对工作和同伴尽责					
C19. 我喜欢计划好自己的工作、学习和生活					
C20. 我不会放任自己的情绪和情感过于激动或者过于外露					
C21. 我喜欢将一切都弄得井然有序					
C22. 我能够与那些我认为做错事的人友好相处					
C23. 我可以心态平和地对待不同观点					
C24. 我是一个有民主风范的人，比如兼听则明、偏信则暗……					
C25. 周围的人认为我是一个努力和勤奋的人					
C26. 我认为成功离不开汗水和付出					
C27. 我对生活有改造的意愿和能力					
C28. 我懂得感恩，也珍视和欣赏别人的付出					
C29. 我对平凡的事物不觉得厌烦，对日常生活永感新鲜					
C30. 我了解并认识现实，持较为实际的人生观					
C31. 我相信生活会更美好					
C32. 我积极乐观，有时富有幽默感					
C33. 我喜欢以自己独立的思维方式去思考问题					
C34. 我认为服务精神是个体素质的重要构成					
C35. 我能从服务别人和奉献社会的事情中获得人生的意义					
C36. 我在参与了社会公益活动后会变得更加成熟					

来源：本研究设计。

三、问卷预试及项目分析

我们使用包括这 36 个题项的问卷，随机取样，抽取在校大学生填写"大学生创造力品格问卷"，此问卷包括"品格测试"的 36 个题项，以及根据威廉斯创造思维测试和托兰斯创造倾向测试制成的"创造力测试"两部分 42 个问卷题项。预试问卷回收后，删除无效问卷，保留有效问卷 200 份。

项目分析就是根据预试的结果对组成问卷的各个题项（题目）进行分析，从而评价题目好坏，对题目进行筛选。这样做的目的在于检验编制的问卷量表或者测验的每个题项的适切或可靠程度。

首先，排除极端值和错误值。对该量表进行叙述统计：先进行频率统计，通过结果（限于篇幅，结果输出图省略）可以发现，有效数为 200，缺失为 0；然后对预试数据进行描述性统计分析，其结果见表 4-4。

表 4-4　预试 200 份问卷的描述性统计

描述统计量					
题　项	有效数	极小值	极大值	均值	标准差
C1. 我富有爱心，是一个热心人	200	2	5	4.11	0.769
C2. 我做某些事情前常要考虑别人会有何想法	200	2	5	4.24	0.725
C3. 我具有同情心，能够理解别人，善于对别人的情绪做出反应	200	1	5	4.13	0.766
C4. 我相信言行公正会产生或带来积极效应	200	1	5	4.19	0.794
C5. 我有较广阔的视野，就事论事，较少考虑个人利害	200	2	5	3.59	0.846
C6. 我在做正确的事情却遭遇不公时仍能坚持	200	1	5	3.73	0.849
C7. 我精力充沛、思路敏捷	200	1	5	3.76	0.842
C8. 我能迅速、灵活、正确地理解和解决事情	200	2	5	3.79	0.787
C9. 我像周围大多数人那样精明能干	200	2	5	3.60	0.857
C10. 我相信自己会在艰难困苦中磨炼得更好	200	2	5	4.30	0.801
C11. 我有强烈的把事情完成的情绪	200	1	5	4.30	0.832
C12. 面对挫折和困难我不会退缩	200	2	5	4.03	0.763
C13. 我尽可能地做到总是说实话	200	2	5	4.24	0.745
C14. 我喜欢公开地、直截了当地表达思想和感情	200	1	5	3.84	0.976
C15. 承诺过的事情我一定要做到	200	2	5	4.33	0.710
C16. 我会主动发现工作，有时也喜欢自己做主	200	2	5	3.96	0.785
C17. 我总是尽力做得至少比别人所期望的要好一点	200	2	5	4.25	0.740
C18. 对我来说，最重要的事情是对工作和伙伴尽责	200	2	5	4.17	0.731
C19. 我喜欢计划好自己的工作、学习和生活	200	1	5	3.94	0.898
C20. 我不会放任自己的情绪和情感过于激动或者过于外露	200	1	5	3.95	0.939
C21. 我喜欢将一切都弄得井然有序	200	1	5	4.05	0.947
C22. 我能够与那些我认为做错事的人友好相处	200	1	5	3.79	0.822
C23. 我可以心态平和地对待不同观点	200	1	5	4.00	0.786
C24. 我是一个有民主风范的人，比如兼听则明、偏信则暗……	200	2	5	4.08	0.766
C25. 周围的人认为我是一个努力和勤奋的人	200	1	5	3.84	0.847
C26. 我认为成功离不开汗水和付出	200	2	5	4.51	0.702
C27. 我对生活有改造的意愿和能力	200	2	5	4.18	0.735
C28. 我懂得感恩，也珍视和欣赏别人的付出	200	3	5	4.47	0.641
C29. 我对平凡的事物不觉得厌烦，对日常生活永感新鲜	200	1	5	3.86	0.897
C30. 我了解并认识现实，持较为实际的人生观	200	1	5	4.10	0.798
C31. 我相信生活会更美好	200	3	5	4.37	0.675
C32. 我积极乐观，有时富有幽默感	200	2	5	4.24	0.802
C33. 我喜欢以自己独立的思维方式去思考问题	200	3	5	4.21	0.754
C34. 我认为服务精神是个体素质的重要构成	200	2	5	4.10	0.779
C35. 我能从服务别人和奉献社会的事情中获得人生的意义	200	2	5	4.15	0.831
C36. 我在参与了社会公益活动后会变得更加成熟	200	2	5	4.20	0.777

来源：本研究问卷数据。

　　根据上表执行描述性统计的结果，每个题项的最小值（极小值）没有小于1的，每个题项的最大值（极大值）为5。由于"品格量表"为五点量表，变量测量值的编码为1—5，若是在最大值栏有超过5的数值，表示题项输入有误。从输出结果可见，36个题项的数据没有出现小于1或者大于5的错误值。

　　接下来，将品格量表的36个题项通过SPSS 20.0进行项目分析。将这200份预试问卷的品格量表进行总分加成，按照上下27%处的分数线进行分组，高分组的临界分数为157，而低分组的临界分数为138，高分组涉及58个被试者，而低分组涉及60个被试者。用独立样本 t 检验的方法进行检验，得到表4-5。

表4-5 品格量表各题项的 t 检验的结果显著性表

独立样本检验									
假设项		方差方程的 Levene 检验		均值方程的 t 检验					
		F	Sig.	t	df	Sig.（双侧）	均值差值	标准误差值	差分的95%置信区间	
									下限	上限
1	假设方差相等	4.027	0.047	6.758	116	0.000	0.852	0.126	0.603	1.102
	假设方差不相等	—	—	6.786	111.227	0.000	0.852	0.126	0.603	1.101
2	假设方差相等	2.110	0.149	6.329	116	0.000	0.787	0.124	0.541	1.033
	假设方差不相等	—	—	6.371	103.153	0.000	0.787	0.123	0.542	1.032
3	假设方差相等	15.322	0.000	9.492	116	0.000	1.124	0.118	0.890	1.359
	假设方差不相等	—	—	9.574	94.687	0.000	1.124	0.117	0.891	1.357
4	假设方差相等	8.750	0.004	5.668	116	0.000	0.770	0.136	0.501	1.038
	假设方差不相等	—	—	5.709	101.275	0.000	0.770	0.135	0.502	1.037
5	假设方差相等	7.949	0.006	8.885	116	0.000	1.123	0.126	0.873	1.373
	假设方差不相等	—	—	8.863	112.277	0.000	1.123	0.127	0.872	1.374
6	假设方差相等	0.029	0.866	7.676	116	0.000	1.089	0.142	0.808	1.370
	假设方差不相等	—	—	7.690	115.441	0.000	1.089	0.142	0.809	1.370
7	假设方差相等	0.812	0.369	9.719	116	0.000	1.313	0.135	1.046	1.581
	假设方差不相等	—	—	9.734	115.635	0.000	1.313	0.135	1.046	1.580
8	假设方差相等	2.674	0.105	9.324	116	0.000	1.129	0.121	0.889	1.368
	假设方差不相等	—	—	9.320	115.517	0.000	1.129	0.121	0.889	1.369
9	假设方差相等	4.906	0.029	11.194	116	0.000	1.307	0.117	1.076	1.539
	假设方差不相等	—	—	11.168	112.788	0.000	1.307	0.117	1.076	1.539
10	假设方差相等	27.256	0.000	7.914	116	0.000	1.010	0.128	0.757	1.262
	假设方差不相等	—	—	8.002	83.693	0.000	1.010	0.126	0.759	1.261

续 表

假设项		方差方程的 Levene 检验		均值方程的 t 检验						
		F	Sig.	t	df	Sig.（双侧）	均值差值	标准误差值	差分的 95% 置信区间	
									下限	上限
11	假设方差相等	23.799	0.000	9.058	116	0.000	1.176	0.130	0.919	1.434
	假设方差不相等	—	—	9.150	88.207	0.000	1.176	0.129	0.921	1.432
12	假设方差相等	0.545	0.462	10.379	116	0.000	1.136	0.109	0.919	1.352
	假设方差不相等			10.395	115.598	0.000	1.136	0.109	0.919	1.352
13	假设方差相等	0.491	0.485	6.648	116	0.000	0.787	0.118	0.553	1.022
	假设方差不相等	—		6.667	114.062	0.000	0.787	0.118	0.553	1.021
14	假设方差相等	4.000	0.048	4.402	116	0.000	0.773	0.176	0.425	1.121
	假设方差不相等	—		4.420	110.968	0.000	0.773	0.175	0.426	1.120
15	假设方差相等	19.254	0.000	8.477	116	0.000	0.960	0.113	0.736	1.184
	假设方差不相等			8.558	90.931	0.000	0.960	0.112	0.737	1.183
16	假设方差相等	3.590	0.061	8.557	116	0.000	1.068	0.125	0.821	1.316
	假设方差不相等			8.589	112.070	0.000	1.068	0.124	0.822	1.315
17	假设方差相等	10.980	0.001	10.392	116	0.000	1.026	0.099	0.830	1.221
	假设方差不相等	—	—	10.460	103.441	0.000	1.026	0.098	0.831	1.220
18	假设方差相等	3.082	0.082	8.674	116	0.000	0.938	0.108	0.724	1.152
	假设方差不相等			8.706	112.349	0.000	0.938	0.108	0.724	1.151
19	假设方差相等	7.839	0.006	9.209	116	0.000	1.220	0.132	0.957	1.482
	假设方差不相等			9.280	98.608	0.000	1.220	0.131	0.959	1.480
20	假设方差相等	5.253	0.024	8.303	116	0.000	1.183	0.143	0.901	1.466
	假设方差不相等	—	—	8.351	106.135	0.000	1.183	0.142	0.902	1.464
21	假设方差相等	36.307	0.000	9.340	116	0.000	1.326	0.142	1.045	1.607
	假设方差不相等	—	—	9.443	84.393	0.000	1.326	0.140	1.047	1.605
22	假设方差相等	0.149	0.701	9.668	116	0.000	1.131	0.117	0.899	1.363
	假设方差不相等	—	—	9.687	115.163	0.000	1.131	0.117	0.900	1.362
23	假设方差相等	1.244	0.267	8.663	116	0.000	1.018	0.118	0.786	1.251
	假设方差不相等	—	—	8.681	115.100	0.000	1.018	0.117	0.786	1.251
24	假设方差相等	10.613	0.001	11.147	116	0.000	1.190	0.107	0.979	1.402
	假设方差不相等	—	—	11.198	110.066	0.000	1.190	0.106	0.980	1.401
25	假设方差相等	0.247	0.620	9.282	116	0.000	1.198	0.129	0.942	1.453
	假设方差不相等	—	—	9.314	112.756	0.000	1.198	0.129	0.943	1.452
26	假设方差相等	60.771	0.000	5.462	116	0.000	0.629	0.115	0.401	0.857
	假设方差不相等	—	—	5.530	78.196	0.000	0.629	0.114	0.403	0.856

续　表

独立样本检验									
假设项		方差方程的Levene 检验		均值方程的 t 检验					
		F	Sig.	t	df	Sig.（双侧）	均值差值	标准误差值	差分的 95% 置信区间	
									下限	上限
27	假设方差相等	1.708	0.194	8.149	116	0.000	0.937	0.115	0.709	1.164
	假设方差不相等	—	—	8.176	113.141	0.000	0.937	0.115	0.710	1.164
28	假设方差相等	11.005	0.001	8.711	116	0.000	0.829	0.095	0.641	1.018
	假设方差不相等			8.800	88.037	0.000	0.829	0.094	0.642	1.017
29	假设方差相等	0.464	0.497	8.975	116	0.000	1.234	0.137	0.962	1.506
	假设方差不相等	—	—	9.000	114.059	0.000	1.234	0.137	0.962	1.506
30	假设方差相等	28.705	0.000	11.393	116	0.000	1.160	0.102	0.958	1.361
	假设方差不相等	—	—	11.481	98.704	0.000	1.160	0.101	0.959	1.360
31	假设方差相等	4.559	0.035	6.170	116	0.000	0.708	0.115	0.481	0.935
	假设方差不相等			6.212	101.916	0.000	0.708	0.114	0.482	0.934
32	假设方差相等	14.941	0.000	5.904	116	0.000	0.806	0.136	0.535	1.076
	假设方差不相等			5.957	93.232	0.000	0.806	0.135	0.537	1.074
33	假设方差相等	3.077	0.082	6.576	116	0.000	0.836	0.127	0.584	1.088
	假设方差不相等			6.597	113.384	0.000	0.836	0.127	0.585	1.087
34	假设方差相等	13.044	0.000	9.926	116	0.000	1.222	0.123	0.978	1.466
	假设方差不相等			9.995	101.936	0.000	1.222	0.122	0.979	1.464
35	假设方差相等	19.748	0.000	8.550	116	0.000	1.042	0.122	0.801	1.283
	假设方差不相等			8.622	95.740	0.000	1.042	0.121	0.802	1.282
36	假设方差相等	7.724	0.006	9.244	116	0.000	1.106	0.120	0.869	1.343
	假设方差不相等			9.281	111.589	0.000	1.106	0.119	0.870	1.343

　　限于篇幅原因，结果输出表中未将题项内容一一列出，只保留了 36 个题项的序号。我们对输出结果表进行了初步分析和筛选。发现 1、3、4、5、9、10、11、14、15、17、19、20、21、24、26、28、30、31、32、34、35、36 等量表题项的"方差方程的 Levene 检验"达到 0.05 的显著水平，应接受"假设方差不相等"一栏对应的 t 检验数据；其余题项"方差方程的 Levene 检验"P 值大于 0.05，应接受"假设方差相等"，参考对应一栏的 t 检验数据。由此可见，各题项对应 t 检验结果显示：t 值最小为 5.530，最大为 11.481；而其 P 值全部为 0，全部满足量表项目分析中的临界比值的要求（一般将临界比值的 t 检验统计量

的标准值设为 3.000，低于 3.000，则表示题项的鉴别度较差，应该删除）。

创造力测试部分选用的是威廉斯创造倾向测试题和托兰斯创造性测试题两部分，用于衡量大学生的创造力倾向。由于是现成的量表，就不再进行项目分析相关的检验了。环境因素以问卷中的学校、社会及同学间背景调查数据为支撑，智能因素由大学生学习成绩和多元智能自评构成。

第三节　样本选取和因素分析

本研究着眼于高校创新人才培养的理论与探讨，为高校教育创新改革提供对策建议与咨询。实证研究的对象为在校大学生，所以选取高校大学生为目标群体进行随机样本抽样调查。鉴于当下国内大学生所面临的宏观大环境是一致的，而微观环境差异亦可以适当控制，所以相关性研究和回归分析中将以环境因素和智能因素为控制变量进行分析。问卷调查的样本数据主要集中在大学生的品格认知、对个体品格的自我评价、个体创造思维调查和创造倾向测试、自我成就评价和创造力的多元分布探索等层面，同时涉及大学生创新环境情况及个体智能调查等基本背景数据。

一、调查的样本选取

基于研究重心是个体创造力品格对其创造力的影响的考量，为方便控制干扰变量和易于进行数据调查，在调查样本选取中将对象限定为大学生，以尽量凸显个体特质差异对创造力表现的影响。

调查中，在相关高校教师和参与调查工作的大学生的配合下，我们选择了北京、上海、浙江、江苏、广东、吉林、湖北、山西、福建等地 20 多所高校的大学生进行问卷调查，这些学校既包括一定比例的"985"和"211"重点高校，也包括相当数量的普通高校，都具有一定的代表性。本次调查使用网络问卷，采取滚雪球抽样的方法进行数据收集，共回收有效数据样本 3101 份，具有较强的真实性。

因为普通高校在校大学生所面临的宏观大环境一致，并且他们的教育培养模式也相对接近，所以可以满足我们在实证分析中将环境等因素列为控制变量的需求。被调查样本中性别构成比较均衡，收到的 3101 份数据样本中：男性被调查者数据样本 1833 份，女性被调查者数据样本 1268 份。（如图 4-2 所示）

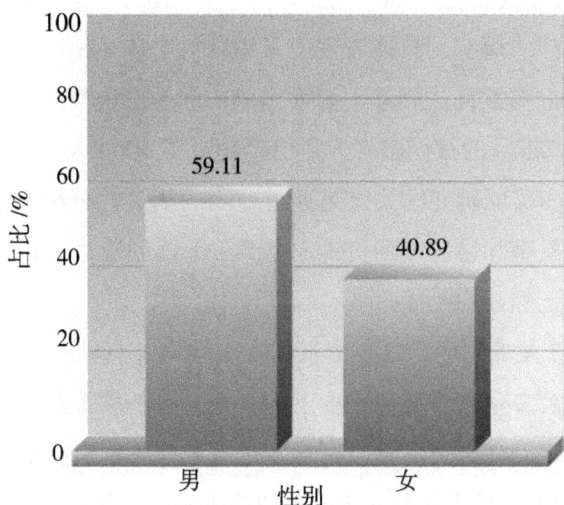

图 4-2　被调查者性别比例

按照样本的来源，将被调查者所在学校划分为四类，分别是部属高校、省市属公办高校、民办高校、其他高校；从收集的数据来看，被调查者在上述四类高校中的分布如图 4-3 所示。

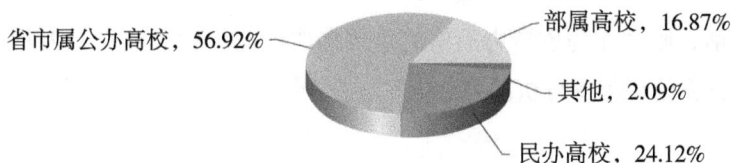

图 4-3　被调查者来源高校分布

问卷分成四个主要部分，分别是大学生对创造力相关品格的认知量表、创造力品格的调查、创造性个性倾向及创造性思维测试、个体创造力基本情况及创造力其他影响因素调查。

对于大学生创造力品格要素的调查应该在概念模型架构中的 5 个层面 12 个要素分类共 36 个陈述构成的问卷选项中进行筛选和维度检验，所以应该先进行因子分析。通过因子分析与概念架构中的维度对比确定创造性相关品格要素的因子及命名。

问卷调查的核心问题是从实证的角度验证创造力品格构成及其对个体创造力表现的影响。问卷的创造力品格调查部分，基于前文的逻辑分析，共产生了12个类别的要素构建，落实到具体表现上又体现为个体品格特质问卷陈述题目36项。创造力品格的要素构成和基于要素构成的问卷选词都是基于大量文献分析，并且，本次研究涉及的被调查者数量已经超过了3000人，也是一个大样本的数据。进行下一步实证研究的关键是通过适当的相关性分析和描述，进而验证我们所提的概念模型和检验本研究的总假设：个体创造力品格要素对个体创造力表现存在较大程度的影响。

本次调查中所涉及的问卷测量要素虽然有30多个，但是从理论和逻辑上来看，这些要素之间大多存在着某种程度上的联系，有的联系相对明显一些，有的联系相对隐蔽一些，有的关系相当密切，也有的基本没有什么关系。换而言之，创造力品格的12个要素分类下辖的各种特质表达中存在着或多或少、或明或暗的内在联系，因此有必要采取某种方式对其进行归类分析或合并统计，面对庞大规模的文献背景和大量的统计数据，整理、分类和归并是非常必要且逻辑上可行的。也就是从这些调查因素和变量中寻找它们之间公共的、潜在的、可以综合反映大多数信息的公共要素变量或者说是公因子。这些公因子或称公共变量就是创造力品格的同一层面要素之和，如果下一步的相关性检验呈现显著相关的话，则其作为创造力品格的重要构成的假设就会成立。因此，解决分类和归并首先使用因素分析的方法。

二、因子分析

多变量和大样本的数据调查资料能为科学实证研究提供大量有价值的资料，但也通常存在以下两方面缺陷：一是在一定程度上增加了数据采集的工作量，需要更多时间和更大研究经费的投入，从而提高了研究成本；二是变量间往往存在一定的相关性，使得研究所获信息产生了一定程度的重叠，从而影响了研究结果的精确度，降低了研究结果的解释能力。而因素分析的基本思想是：把观测变量进行分类，将相关程度较高即联系紧密的变量归在同一类，从多个变量中找出具有代表意义的"潜变量"，从而达到降维（data reduction）和简化数据的目的。本研究也使用因素分析的方法。

因素分析，是指研究中从变量群中提取共性因素的统计分析方法。从问卷选词所代表的显性品格要素入手，分析出其中潜在的共性较大的隐性因子，为进一步的分析做好准备。本研究中使用因素分析中的探索性因素分析，主成分分析是该方法中最具代表性的分析方法。该分析方法是通过变量降维，将数量相关的多个指标转换成几个相关性较大的综合指标，在减少分析指标的同时，尽量表露原有指标所包含的信息和相关性，从而使进一步的数据分析和实证研究变得更加简单却不失客观性的一种做法。在前文的研究中，我们根据已有的文献和概念逻辑，经过筛选，所涉及的 12 个分类要素的问卷指标本身已经有相对明确的层次划分，但具体选词中往往会涉及其中一个或多个层面，因此，将问卷中的 36 个题项进行因素分析，既兼顾了它们之间的相关性，又对他们的关系进行了重新整合。

对品格概念进行量化研究是一项突破性的难题，增强其代表性和说服力是关键。关于品格的名词原本是众所周知的，但品格概念与人格等其他概念有个明显的不同，就是至今没有达成共识的明确的外延。在心理学、教育学和社会学等相关领域，相当多的概念构成都经过了科学的调查方法和实证的检验，而关于品格相关概念的实证分析，在我们所做的相关文献调查中并没有发现明显的案例。由此看来，随着创新社会对人本主义创造理论的关注不断加强，对个体创造力品格的相关要素的研究关注和研究重视显得更为迫切。但是由于其自身明显的抽象性，在实践中，品格评估和检验相对较难展开，呈现出一种相对弱化的趋势。导致这种对品格领域研究中的科学分析与实证研究弱化，一方面，固然有中国文化相对内敛的趋势影响（因为我们对现代科学中广泛涉及的西方文明与概念自然更习惯于适用其原本就熟悉的科学研究方法）；另一方面，对品格及其相关概念的研究，缺乏足够多的研究案例与资料也是一个重要原因。在其评估与测量中难免有缺乏足够多的精确度和说服力之感，如果这个问题不能得到合理的解决，则难免会出现说服力不够的尴尬。因此，本研究所面临的第一个考验就是问卷测试项的信度与效度问题。

总体样本数据信度检验。数据的信度（reliability）主要是指测量结果的可靠性、一致性和稳定性，即测验结果是否反映了被测者稳定的、一贯性的真实特征。我们采取克氏 Alpha（α）信度系数法对我们收集的问卷数据做信度分析。Cronbach's Alpha（α）信度系数是目前最常用的信度检验方法，能够检验和衡量问卷中所设计的各指标测验的结果是不是具有内在的一致性，即我们通常所说的可靠性，信度检验中较正式的说法是被调查者的数据是否具有可重复验证性。其指数越高，说明测试结果的可靠性程度就越大，也就是信度高。就本问卷来讲，该指标可以说明各选词所设计的问卷题项是否衡量了同一内在特质，也就是创造力品格。可见信度检验中的克氏检验用在这里比较合适。

总体样本的信度检验结果是，该问卷品格测试的 36 个题项，测试的 3101 个被调查大学生，其总体信度的 Cronbach's Alpha 指标为：0.956，大于 0.5，接近 1，满足对应的信度要求。表 4-6 和表 4-7 是 Cronbach's Alpha 系数信度分析的结果。

表 4-6　样本总体信度检验数据表

可靠性统计量	
Cronbach's Alpha	项数
0.956	36

表 4-7　样本各题项检验数据

项总计统计量				
题　项	项已删除的刻度均值	项已删除的刻度方差	校正的项总计相关性	项已删除的 Cronbach's Alpha 值
C1. 我富有爱心，是一个热心人	143.21	336.878	0.590	0.955
C2. 我做某些事情前常要考虑别人会有何想法	143.14	340.285	0.501	0.955
C3. 我具有同情心，能够理解别人，善于对别人的情绪做出反应	143.19	337.683	0.591	0.955
C4. 我相信言行公正会产生或带来积极效应	143.17	338.391	0.517	0.955
C5. 我有较广阔的视野，就事论事，较少考虑个人利害	143.60	334.102	0.621	0.954
C6. 我在做正确的事情却遭遇不公时仍能坚持	143.56	333.447	0.606	0.954
C7. 我精力充沛、思路敏捷	143.46	333.596	0.655	0.954

题 项	项已删除的刻度均值	项已删除的刻度方差	校正的项总计相关性	项已删除的Cronbach's Alpha 值
		项总计统计量		
C8. 我能迅速、灵活、正确地理解和解决事情	143.49	333.790	0.656	0.954
C9. 我像周围大多数人那样精明能干	143.56	333.044	0.648	0.954
C10. 我相信自己会在艰难困苦中磨炼得更好	143.11	337.212	0.590	0.955
C11. 我有强烈的把事情完成的情绪	143.15	337.284	0.571	0.955
C12. 面对挫折和困难我不会退缩	143.31	334.744	0.665	0.954
C13. 我尽可能地做到总是说实话	143.13	339.011	0.550	0.955
C14. 我喜欢公开地、直截了当地表达思想和感情	143.40	336.796	0.490	0.955
C15. 承诺过的事情我一定要做到	143.10	338.712	0.569	0.955
C16. 我会主动发现工作，有时也喜欢自己做主	143.33	334.925	0.642	0.954
C17. 我总是尽力做得至少比别人所期望的要好一点	143.17	336.293	0.631	0.954
C18. 对我来说，最重要的事情是对工作和同伴尽责	143.18	336.417	0.623	0.954
C19. 我喜欢计划好自己的工作、学习和生活	143.43	333.923	0.608	0.954
C20. 我不会放任自己的情绪和情感过于激动或者过于外露	143.34	336.199	0.537	0.955
C21. 我喜欢将一切都弄得井然有序	143.32	335.404	0.584	0.955
C22. 我能够与那些我认为做错事的人友好相处	143.45	333.970	0.617	0.954
C23. 我可以心态平和地对待不同观点	143.31	335.571	0.626	0.954
C24. 我是一个有民主风范的人，比如兼听则明、偏信则暗……	143.32	334.628	0.649	0.954
C25. 周围的人认为我是一个努力和勤奋的人	143.46	333.031	0.635	0.954
C26. 我认为成功离不开汗水和付出	142.94	341.379	0.491	0.955
C27. 我对生活有改造的意愿和能力	143.22	336.211	0.631	0.954
C28. 我懂得感恩，也珍视和欣赏别人的付出	143.00	338.999	0.592	0.955
C29. 我对平凡的事物不觉得厌烦，对日常生活永感新鲜	143.41	333.459	0.639	0.954
C30. 我了解并认识现实，持较为实际的人生观	143.21	336.379	0.616	0.954

续 表

项总计统计量				
题 项	项已删除的刻度均值	项已删除的刻度方差	校正的项总计相关性	项已删除的Cronbach's Alpha 值
C31. 我相信生活会更美好	143.03	338.376	0.571	0.955
C32. 我积极乐观，有时富有幽默感	143.14	336.966	0.586	0.955
C33. 我喜欢以自己独立的思维方式去思考问题	143.18	337.274	0.604	0.954
C34. 我认为服务精神是个体素质的重要构成	143.22	335.941	0.628	0.954
C35. 我能从服务别人和奉献社会的事情中获得人生的意义	143.23	335.149	0.648	0.954
C36. 我在参与了社会公益活动后会变得更加成熟	143.16	336.293	0.600	0.954

来源：本研究问卷数据。

KMO 检验和巴特利特球体检验。在进行因素分析前，首先进行 KMO 检验和巴特利特球体检验，KMO 检验用于检查变量间的偏相关性，取值在 0—1 之间。KMO 统计量越接近 1，变量间的偏相关性越强，因素分析的效果越好。在实际分析中，KMO 统计量在 0.7 以上时，效果比较好；而当 KMO 统计量在 0.5 以下时，不适合应用因素分析法，应考虑重新设计变量结构或者采用其他统计分析方法。除此之外，巴特利特球体检验的卡方统计值的显著性概率，也就是 P 值在小于 0.05 时，问卷才有结构效度。

本问卷收集的问卷指标进行 KMO 检验和巴特利特球体检验的数据见表 4—8。

表 4-8　KMO 检验和巴特利特球体检验的结果

KMO 和巴特利特球体的检验		
取样足够度的 Kaiser-Meyer-Olkin 度量		0.977
巴特利特球体的球形度检验	近似卡方	51997.968
	df	630.000
	Sig.	0.000

来源：本研究问卷数据分析。

从表中结果可以看出，本问卷数据的 KMO 值为 0.977，接近 1，说明变量间的偏相关性很强，满足在实际分析中，KMO 统计量应该在 0.7 以上的要求。而另外一个数值，巴特利特球体检验的卡方统计值的显著性概率，也就是 P 值为 0，即小于 0.05，可见，其显著性水平也满足分析的要求。

下一步进行主因子分析和因子抽取。进行主因子分析的目的是通过对品格调查各要素指标原始变量的相关系数矩阵内部结构的研究，导出能控制所有变量的少数几个综合变量，通过这少数几个综合变量去描述原始的多个变量之间的相关关系。一般来说，这少数的几个综合变量是不可观测的，故称其为因子，我们又称这种通过原始变量相关系数矩阵出发的因子分析为 R 型因子分析。一般来说，因子分析所获得的反映变量间本质联系、变量与公共因子的关系的全部信息都会通过导出的因子负荷矩阵体现。

由于相关矩阵表格比较庞大，限于篇幅的原因，不再详细列出。

因子抽取。因子抽取是从众多的变量中抽取若干个公共因子，从而达到减少变量的降维目标。我们使用的 SPSS 20.0 软件中因子分析的主成分分析法，认为各变量是因子的线性组合，并假定各因子不相关，主成分为方差最大的成分；主成分分析法抽取因子的好处是能够简化问题，找出几个制约观测变量的潜在变量，从而根据与公共因子的相关程度对观测变量加以分类，或者根据个体在公共因子上的不同水平对个体进行分类或排序。对原始相关系数矩阵进行主成分分析后的结果见表 4-9。

表 4-9 主成分分析公因子方差表

公因子方差		
题 项	初始	提取
C1. 我富有爱心，是一个热心人	1.000	0.523
C2. 我做某些事情前常要考虑别人会有何想法	1.000	0.614
C3. 我具有同情心，能够理解别人，善于对别人的情绪做出反应	1.000	0.570
C4. 我相信言行公正会产生或带来积极效应	1.000	0.380
C5. 我有较广阔的视野，就事论事，较少考虑个人利害	1.000	0.593
C6. 我在做正确的事情却遭遇不公时仍能坚持	1.000	0.511
C7. 我精力充沛、思路敏捷	1.000	0.666
C8. 我能迅速、灵活、正确地理解和解决事情	1.000	0.680
C9. 我像周围大多数人那样精明能干	1.000	0.617
C10. 我相信自己会在艰难困苦中磨炼得更好	1.000	0.478
C11. 我有强烈的把事情完成的情绪	1.000	0.558
C12. 面对挫折和困难我不会退缩	1.000	0.561
C13. 我尽可能地做到总是说实话	1.000	0.449
C14. 我喜欢公开地、直截了当地表达思想和感情	1.000	0.378
C15. 承诺过的事情我一定要做到	1.000	0.483

续 表

公因子方差		
题 项	初始	提取
C16. 我会主动发现工作，有时也喜欢自己做主	1.000	0.487
C17. 我总是尽力做得至少比别人所期望的要好一点	1.000	0.529
C18. 对我来说，最重要的事情是对工作和同伴尽责	1.000	0.453
C19. 我喜欢计划好自己的工作、学习和生活	1.000	0.562
C20. 我不会放任自己的情绪和情感过于激动或者过于外露	1.000	0.513
C21. 我喜欢将一切都弄得井然有序	1.000	0.591
C22. 我能够与那些我认为做错事的人友好相处	1.000	0.565
C23. 我可以心态平和地对待不同观点	1.000	0.529
C24. 我是一个有民主风范的人，比如兼听则明、偏信则暗……	1.000	0.512
C25. 周围的人认为我是一个努力和勤奋的人	1.000	0.506
C26. 我认为成功离不开汗水和付出	1.000	0.572
C27. 我对生活有改造的意愿和能力	1.000	0.510
C28. 我懂得感恩，也珍视和欣赏别人的付出	1.000	0.565
C29. 我对平凡的事物不觉得厌烦，对日常生活永感新鲜	1.000	0.501
C30. 我了解并认识现实，持较为实际的人生观	1.000	0.470
C31. 我相信生活会更美好	1.000	0.603
C32. 我积极乐观，有时富有幽默感	1.000	0.563
C33. 我喜欢以自己独立的思维方式去思考问题	1.000	0.498
C34. 我认为服务精神是个体素质的重要构成	1.000	0.569
C35. 我能从服务别人和奉献社会的事情中获得人生的意义	1.000	0.596
C36. 我在参与了社会公益活动后会变得更加成熟	1.000	0.507
提取方法：主成分分析		

上表显示的是此次问卷中品格各要素的公因子方差数据。公因子方差（communality）也叫共同度、公共方差，指观测变量中由公因子决定的比例。当公因子之间彼此正交时，公因子方差等于和该变量有关的因子载荷的平方和，计算时要素变量 x_i 的公因子方差记作 h_i^2。从上表可以看出这 36 个要素变量的共性方差均大于或接近 0.5，个别变量的共性方差稍低于 0.5，最低的一项是"我喜欢公开地、直截了当地表达思想和感情"，这一项的载荷为 0.378，表示提取的公因子的解释能力比较令人满意。

表 4-10　主成分分析解释的总方差表

成分	初始特征值			提取平方和载入			旋转平方和载入		
	合计	方差的%	累积%	合计	方差的%	累积%	合计	方差的%	累积%
1	14.240	39.556	39.556	14.240	39.556	39.556	4.653	12.924	12.924
2	1.706	4.738	44.294	1.706	4.738	44.294	4.405	12.236	25.160
3	1.181	3.281	47.575	1.181	3.281	47.575	3.719	10.330	35.490
4	1.093	3.035	50.611	1.093	3.035	50.611	3.644	10.123	45.613
5	1.043	2.898	53.508	1.043	2.898	53.508	2.842	7.896	53.508
6	0.909	2.526	56.034	—	—	—	—	—	—
7	0.893	2.480	58.514	—	—	—	—	—	—
8	0.809	2.248	60.762	—	—	—	—	—	—
9	0.772	2.144	62.906	—	—	—	—	—	—
10	0.714	1.982	64.888	—	—	—	—	—	—
11	0.673	1.870	66.758	—	—	—	—	—	—
12	0.649	1.802	68.560	—	—	—	—	—	—
13	0.638	1.773	70.333	—	—	—	—	—	—
14	0.625	1.736	72.070	—	—	—	—	—	—
15	0.596	1.654	73.724	—	—	—	—	—	—
16	0.574	1.596	75.319	—	—	—	—	—	—
17	0.557	1.548	76.867	—	—	—	—	—	—
18	0.535	1.487	78.354	—	—	—	—	—	—
19	0.525	1.458	79.812	—	—	—	—	—	—
20	0.508	1.410	81.223	—	—	—	—	—	—
21	0.505	1.402	82.625	—	—	—	—	—	—
22	0.494	1.373	83.998	—	—	—	—	—	—
23	0.489	1.358	85.356	—	—	—	—	—	—
24	0.482	1.338	86.695	—	—	—	—	—	—
25	0.475	1.319	88.014	—	—	—	—	—	—
26	0.466	1.294	89.308	—	—	—	—	—	—
27	0.434	1.206	90.515	—	—	—	—	—	—
28	0.434	1.205	91.720	—	—	—	—	—	—
29	0.417	1.159	92.879	—	—	—	—	—	—
30	0.405	1.126	94.005	—	—	—	—	—	—
31	0.400	1.110	95.115	—	—	—	—	—	—
32	0.392	1.090	96.205	—	—	—	—	—	—
33	0.380	1.055	97.260	—	—	—	—	—	—
34	0.362	1.006	98.266	—	—	—	—	—	—

续 表

	解释的总方差								
成分	初始特征值			提取平方和载入			旋转平方和载入		
	合计	方差的%	累积%	合计	方差的%	累积%	合计	方差的%	累积%
35	0.342	0.949	99.214	—	—	—	—	—	—
36	0.283	0.786	100.000	—	—	—	—	—	—
提取方法：主成分分析。									

　　运用SPSS 20.0对原始变量进行因子分析，从得到的"主成分分析解释的总方差表"（见表4-10）中可以看出，表中内容包含36个要素变量初始特征值及方差贡献率、提取5个公共因子后的特征值及方差贡献率、旋转后的5个公共因子的特征值及方差贡献率。第一个因子成分要素构成的初始特征值为14.240，远远大于1；第二个因子成分要素构成的初始特征值为1.706，大于1；第三个因子成分要素构成的初始特征值为1.181，大于1；第四个因子成分要素构成的初始特征值为1.093，大于1；第五个因子成分要素构成的初始特征值为1.043，大于1；从第六个成分要素构成开始，其初始特征值均小于1，因此若选择5个公共因子应该可以得到53.508%的累计贡献率，即表示5个公共因子可以解释约53.5%的总方差或称累计贡献度，其提取与原设计概念模型中的维度数量符合。

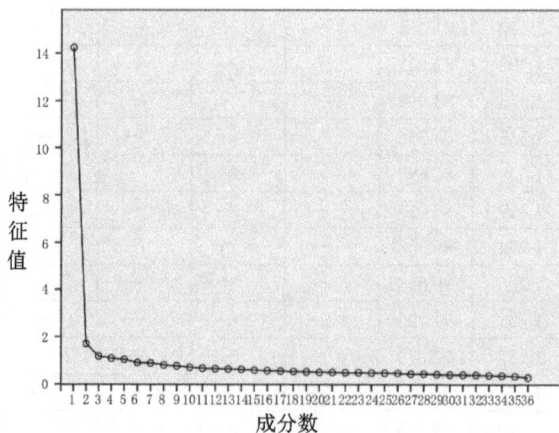

图4-4　碎石图

图 4-4 以比较直观的方式显示了各因子载荷的特征值，可以发现因子 1 的特征值最高，从因子 1 到因子 5 坡度由陡变缓，因子 5 之后，陡坡逐渐趋于平缓。

表 4-11 主成分分析提取的主成分矩阵

成分矩阵 a					
题　项	成分				
	1	2	3	4	5
C1. 我富有爱心，是一个热心人	0.691	−0.116	0.216	—	−.0143
C2. 我做某些事情前常要考虑别人会有何想法	0.682	−0.405	—	−0.202	—
C3. 我具有同情心，能够理解别人，善于对别人的情绪做出反应	0.681	−0.365	—	−0.250	—
C4. 我相信言行公正会产生或带来积极效应	0.676	0.233	−0.286	—	—
C5. 我有较广阔的视野，就事论事，较少考虑个人利害	0.676	—	−0.207	—	—
C6. 我在做正确的事情却遭遇不公时仍能坚持	0.674	−0.371	—	0.153	—
C7. 我精力充沛、思路敏捷	0.668	−0.114	0.134	—	—
C8. 我能迅速、灵活、正确地理解和解决事情	0.667	—	−0.214	—	—
C9. 我像周围大多数人那样精明能干	0.661	−0.117	—	0.213	—
C10. 我相信自己会在艰难困苦中磨炼得更好	0.661	0.107	—	—	−0.227
C11. 我有强烈的把事情完成的情绪	0.660	—	0.293	—	—
C12. 面对挫折和困难我不会退缩	0.658	0.214	−0.293	—	—
C13. 我尽可能地做到总是说实话	0.653	—	−0.212	0.228	—
C14. 我喜欢公开地、直截了当地表达思想和感情	0.652	—	—	—	0.129
C15. 承诺过的事情我一定要做到	0.645	−0.330	−0.191	−0.122	0.132
C16. 我会主动发现工作，有时也喜欢自己做主	0.644	0.118	—	—	−0.174
C17. 我总是尽力做得至少比别人所期望的要好一点	0.642	−0.208	−0.216	0.250	—
C18. 对我来说，最重要的事情是对工作和同伴尽责	0.634	—	—	−0.164	−0.252
C19. 我喜欢计划好自己的工作、学习和生活	0.632	−0.230	0.116	0.307	—
C20. 我不会放任自己的情绪和情感过于激动或者过于外露	0.632	−0.308	—	—	—
C21. 我喜欢将一切都弄得井然有序	0.630	0.238	−0.229	—	—
C22. 我能够与那些我认为做错事的人友好相处	0.623	0.418	—	—	—
C23. 我可以心态平和地对待不同观点	0.619	0.110	−0.125	−0.122	0.313
C24. 我是一个有民主风范的人，比如兼听则明、偏信则暗……	0.619	—	—	—	0.423
C25. 周围的人认为我是一个努力和勤奋的人	0.618	0.109	0.267	—	−0.104
C26. 我认为成功离不开汗水和付出	0.617	0.209	−0.212	−0.229	−0.203
C27. 我对生活有改造的意愿和能力	0.609	0.181	0.145	0.405	—
C28. 我懂得感恩，也珍视和欣赏别人的付出	0.602	0.403	0.123	0.114	0.224

续 表

题 项	成分矩阵 a				
	成分				
	1	2	3	4	5
C29. 我对平凡的事物不觉得厌烦, 对日常生活永感新鲜	0.600	—	0.438	—	—
C30. 我了解并认识现实, 持较为实际的人生观	0.597	0.102	0.268	−0.173	0.116
C31. 我相信生活会更美好	0.577	0.151	0.178	−0.205	0.139
C32. 我积极乐观, 有时富有幽默感	0.565	−0.170	—	0.406	—
C33. 我喜欢以自己独立的思维方式去思考问题	0.545	—	—	—	0.259
C34. 我认为服务精神是个体素质的重要构成	0.522	0.441	0.255	0.167	−0.109
C35. 我能从服务别人和奉献社会的事情中获得人生的意义	0.517	—	—	−0.314	—
C36. 我在参与了社会公益活动后会变得更加成熟	0.530	0.124	—	—	0.555
提取方法: 主成分分析					
a. 已提取了 5 个成分					

对未经过旋转的主成分矩阵进行分析（见表 4-11），可以发现，成分 1（公因子，下同）在 36 个测试指标变量中都有很大的负荷，全部大于 0.5，因此可以认为因子 1 反映的是个体创造力品格的综合情况。成分 2 在"C34. 我认为服务精神是个体素质的重要构成"（0.441）、"C22. 我能够与那些我认为做错事的人友好相处"（0.418）、"C28. 我懂得感恩，也珍视和欣赏别人的付出"（0.403）、"C21. 我喜欢将一切都弄得井然有序"（0.238）等题项上呈现一定程度的正载荷；而同时成分 2 还在"C2. 我做某些事情前常要考虑别人会有何想法"（−0.405）、"C6. 我在做正确的事情却遭遇不公时仍能坚持"（−0.371）、"C3. 我具有同情心，能够理解别人，善于对别人的情绪做出反应"（−0.365）、"C15. 承诺过的事情我一定要做到"（−0.330）、"C20. 我不会放任自己的情绪和情感过于激动或者过于外露"（−0.308）等题项中呈现一定程度的负载荷。而成分 3、成分 4、成分 5 都存在类似情况，其载荷大多不如成分 1 高，这几个成分所涉及题项变量都有若干个，载荷属于中等偏下，所不同的是各自所在题项变量不同，可参照主成分分析提取的主成分矩阵表格，在此不一一赘述。为使成分 2、成分 3、成分 4、成分 5 都能体现较合适的载荷，所以采用具有 Kaiser 标准化的正交旋转法进行旋转，旋转在 8 次迭代后收敛，其结果见表 4-12。

表 4-12 旋转后的成分矩阵

题 项	成分				
	1	2	3	4	5
C1. 我富有爱心，是一个热心人	0.687	0.125	—	0.320	0.102
C2. 我做某些事情前常要考虑别人会有何想法	0.631	0.333	—	0.209	—
C3. 我具有同情心，能够理解别人，善于对别人的情绪做出反应	0.620	0.182	0.259	0.108	0.315
C4. 我相信言行公正会产生或带来积极效应	0.608	0.176	0.277	—	0.288
C5. 我有较广阔的视野，就事论事，较少考虑个人利害	0.583	0.161	0.226	0.145	0.263
C6. 我在做正确的事情却遭遇不公时仍能坚持	0.542	—	0.153	0.410	0.282
C7. 我精力充沛、思路敏捷	0.499	0.231	0.299	0.263	0.102
C8. 我能迅速、灵活、正确地理解和解决事情	0.485	0.369	0.294	0.130	0.163
C9. 我像周围大多数人那样精明能干	0.446	0.372	0.135	0.377	—
C10. 我相信自己会在艰难困苦中磨炼得更好	0.422	0.326	0.402	—	0.239
C11. 我有强烈的把事情完成的情绪	0.184	0.717	0.230	0.221	0.127
C12. 面对挫折和困难我不会退缩	0.144	0.713	0.285	0.245	—
C13. 我尽可能地做到总是说实话	0.156	0.659	0.306	0.203	0.153
C14. 我喜欢公开地、直截了当地表达思想和感情	0.199	0.607	0.299	—	0.309
C15. 承诺过的事情我一定要做到	0.177	0.560	0.320	0.118	0.224
C16. 我会主动发现工作，有时也喜欢自己做主	0.257	0.492	—	0.189	0.184
C17. 我总是尽力做得至少比别人所期望的要好一点	0.204	0.434	0.251	0.379	0.225
C18. 对我来说，最重要的事情是对工作和同伴尽责	0.113	0.172	0.664	0.303	0.127
C19. 我喜欢计划好自己的工作、学习和生活	0.155	0.157	0.643	0.166	0.156
C20. 我不会放任自己的情绪和情感过于激动或者过于外露	0.119	0.274	0.612	0.285	0.133
C21. 我喜欢将一切都弄得井然有序	0.311	0.337	0.570	—	0.174
C22. 我能够与那些我认为做错事的人友好相处	0.206	0.266	0.507	0.317	0.191
C23. 我可以心态平和地对待不同观点	0.409	0.257	0.504	—	0.188
C24. 我是一个有民主风范的人，比如兼听则明、偏信则暗……	—	0.267	0.236	0.636	0.137
C25. 周围的人认为我是一个努力和勤奋的人	0.408	0.154	0.209	0.560	0.156
C26. 我认为成功离不开汗水和付出	0.270	0.221	0.203	0.543	0.143
C27. 我对生活有改造的意愿和能力	0.189	0.231	0.257	0.533	0.300
C28. 我懂得感恩，也珍视和欣赏别人的付出	0.187	0.271	—	0.503	0.341
C29. 我对平凡的事物不觉得厌烦，对日常生活永感新鲜	0.219	0.423	0.307	0.480	—
C30. 我了解并认识现实，持较为实际的人生观	0.247	0.256	—	0.432	0.368
C31. 我相信生活会更美好	0.422	0.228	0.307	0.428	—
C32. 我积极乐观，有时富有幽默感	0.107	—	0.218	0.195	0.716
C33. 我喜欢以自己独立的思维方式去思考问题	0.235	0.221	0.223	0.152	0.626
C34. 我认为服务精神是个体素质的重要构成	0.341	0.280	0.117	0.144	0.543
C35. 我能从服务别人和奉献社会的事情中获得人生的意义	0.220	0.233	0.115	0.242	0.453
C36. 我在参与了社会公益活动后会变得更加成熟	0.290	0.228	0.267	0.332	0.367

续 表

题 项	成分				
	1	2	3	4	5
提取方法：主成分分析					
旋转法：具有 Kaiser 标准化的正交旋转法					
a. 旋转在 8 次迭代后收敛					

旋转成分矩阵 a

表 4-13　成分转换矩阵表

成分	1	2	3	4	5
1	0.504	0.481	0.440	0.432	0.367
2	0.577	−0.658	−0.357	0.267	0.186
3	−0.536	−0.129	−0.028	0.833	−0.042
4	−0.064	−0.556	0.821	−0.102	−0.047
5	−0.350	−0.094	−0.063	−0.195	0.909

成分转换矩阵

提取方法：主成分分析
旋转法：具有 Kaiser 标准化的正交旋转法

来源：本研究问卷数据。

分析旋转后的成分矩阵，各成分构成与问卷题项的载荷相关性有了明显改变，成分1缩小到10项，而成分2、成分3、成分4和成分5都有了一定的题项载荷对应。结合前面的解释总方差表，可以发现，成分2、成分3、成分4和成分5的解释贡献率都有大幅度的提升，除成分5为7.896%外，其他几项都在10%以上。（见表4-13）

各因子成分的载荷题项基本可以确定如下。

成分1对应的题项见表4-14。

表 4-14　成分 1 对应题项表

对应题项	因子载荷
C31. 我相信生活会更美好	0.687
C32. 我积极乐观，有时富有幽默感	0.631
C35. 我能从服务别人和奉献社会的事情中获得人生的意义	0.620
C34. 我认为服务精神是个体素质的重要构成	0.608
C36. 我在参与了社会公益活动后会变得更加成熟	0.583
C28. 我懂得感恩，也珍视和欣赏别人的付出	0.542
C30. 我了解并认识现实，持较为实际的人生观	0.499
C29. 我对平凡的事物不觉得厌烦，对日常生活永感新鲜	0.485

对应题项	因子载荷
C33. 我喜欢以自己独立的思维方式去思考问题	0.446
C24. 我是一个有民主风范的人，比如兼听则明、偏信则暗……	0.422

成分 2 对应的题项见表 4-15。

表 4-15　成分 2 对应的题项表

对应题项	因子载荷
C7. 我精力充沛、思路敏捷	0.717
C8. 我能迅速、灵活、正确地理解和解决事情	0.713
C9. 我像周围大多数人那样精明能干	0.659
C5. 我有较广阔的视野，就事论事，较少考虑个人利害	0.607
C6. 我在做正确的事情却遭遇不公时仍能坚持	0.560
C14. 我喜欢公开地、直截了当地表达思想和感情	0.492
C16. 我会主动发现工作，有时也喜欢自己做主	0.434

成分 3 对应的题项见表 4-16。

表 4-16　成分 3 对应的题项表

对应题项	因子载荷
C21. 我喜欢将一切都弄得井然有序	0.664
C20. 我不会放任自己的情绪和情感过于激动或者过于外露	0.643
C19. 我喜欢计划好自己的工作、学习和生活	0.612
C22. 我能够与那些我认为做错事的人友好相处	0.570
C25. 周围的人认为我是一个努力和勤奋的人	0.507
C23. 我可以心态平和地对待不同观点	0.504

成分 4 对应的题项见表 4-17。

表 4-17　成分 4 对应的题项表

对应题项	因子载荷
C11. 我有强烈的把事情完成的情绪	0.636
C26. 我认为成功离不开汗水和付出	0.560
C10. 我相信自己会在艰难困苦中磨炼得更好	0.543
C17. 我总是尽力做得至少比别人所期望的要好一点	0.533
C15. 承诺过的事情我一定要做到	0.503
C12. 面对挫折和困难我不会退缩	0.480
C13. 我尽可能地做到总是说实话	0.432
C27. 我对生活有改造的意愿和能力	0.428

成分5对应的题项见表4-18。

表4-18 成分5对应的题项表

对应题项	因子载荷
C2. 我做某些事情前常要考虑别人会有何想法	0.716
C3. 我具有同情心，能够理解别人，善于对别人的情绪做出反应	0.626
C1. 我富有爱心，是一个热心人	0.543
C4. 我相信言行公正会产生或带来积极效应	0.453
C18. 对我来说，最重要的事情是对工作和同伴尽责	0.367

三、因子命名

根据对已经提取出的5个成分构成，尤其是其在品格12个要素分类中的题项分布，以及概念模型中的5个品格维度的比较来确定这5个因子的名称，即创造力品格因子的命名。

根据上述5个因子在品格12个层面各个题项中的载荷程度，我们可以厘清这5个因子在12个品格层面的分布，详见表4-19。

表4-19 因子的分布图与原概念模型对比

维度	内容	对应题项	因子
认知品格	公正、无私	C4. 我相信言行公正会产生或带来积极效应	因子5
		C5. 我有较广阔的视野，就事论事，较少考虑个人利害	因子2
		C6. 我在做正确的事情却遭遇不公时仍能坚持	因子2
	聪明、敏锐	C7. 我精力充沛、思路敏捷	因子2
		C8. 我能迅速、灵活、正确地理解和解决事情	因子2
		C9. 我像周围大多数人那样精明能干	因子2
生存品格	感恩、欣赏	C28. 我懂得感恩，也珍视和欣赏别人的付出	因子1
		C29. 我对平凡的事物不觉得厌烦，对日常生活永感新鲜	因子1
		C30. 我了解并认识现实，持较为实际的人生观	因子1
	乐观、向上	C31. 我相信生活会更美好	因子1
		C32. 我积极乐观，有时富有幽默感	因子1
		C33. 我喜欢以自己独立的思维方式去思考问题	因子1
	服务、奉献	C34. 我认为服务精神是个体素质的重要构成	因子1
		C35. 我能从服务别人和奉献社会的事情中获得人生的意义	因子1
		C36. 我在参与了社会公益活动后会变得更加成熟	因子1

维度	内容	对应题项	因子
做事态度	勇敢、坚强	C10. 我相信自己会在艰难困苦中磨炼得更好	因子4
		C11. 我有强烈的把事情完成的情绪	因子4
		C12. 面对挫折和困难我不会退缩	因子4
	诚实、守信	C13. 我尽可能地做到总是说实话	因子4
		C14. 我喜欢公开地、直截了当地表达思想和感情	因子2
		C15. 承诺过的事情我一定要做到	因子4
	勤奋、努力	C25. 周围的人认为我是一个努力和勤奋的人	因子3
		C26. 我认为成功离不开汗水和付出	因子4
		C27. 我对生活有改造的意愿和能力	因子4
节操修养	节制、理性	C19. 我喜欢计划好自己的工作、学习和生活	因子3
		C20. 我不会放任自己的情绪和情感过于激动或者过于外露	因子3
		C21. 我喜欢将一切都弄得井然有序	因子3
	宽容、忍耐	C22. 我能够与那些我认为做错事的人友好相处	因子3
		C23. 我可以心态平和地对待不同观点	因子3
		C24. 我是一个有民主风范的人,比如兼听则明、偏信则暗……	因子1
关爱品格	主动、负责	C16. 我会主动发现工作,有时也喜欢自己做主	因子2
		C17. 我总是尽力做得至少比别人所期望的要好一点	因子4
		C18. 对我来说,最重要的事情是对工作和同伴尽责	因子5
	关心、爱护	C1. 我富有爱心,是一个热心人	因子5
		C2. 我做某些事情前常常要考虑别人会有何想法	因子5
		C3. 我具有同情心,能够理解别人,善于对别人的情绪做出反应	因子5

从表中可见,各因子分布与概念模型中的5维度创造力品格构成大致吻合:

因子1对应题项所在的品格要素分类为第10类(感恩、欣赏),第11类(乐观、向上)和第12类(服务、奉献),同时包括了第8类的第3个题项,对应分类非常集中。上述分类所表达的是一种积极的生存态度,结合概念模型中的生存品格维度划分,可以考虑将因子1命名为"生存品格的积极性"维度,以方便进一步研究。

因子2所对应的题项覆盖了品格要素的第2类(聪明、敏锐)的全部题项,以及第2类(公正、无私)中的2个题项及C14和C16题项。其中,C14题项兼具品格要素第5类(诚实、守信),以及第2类(公正、无私)的选词范围。可见,该因子主要关注认知品格领域,结合概念模型中的认知品格维度划分,所以考虑将因子2命名为"认知品格的优秀性"维度。

因子 3 对应的题项涉及品格要素的第 7 类（节制、理性），以及第 8 类（宽容、忍耐）及 C25 题项，该因子所包括的题项及其选词更多地落脚于个体的节操或称"自律"领域，结合概念模型中的节操修养品格维度划分，考虑将因子 3 命名为"节操品格的理智性"维度。

因子 4 对应的题项覆盖品格要素的第 4 类（勇敢、坚强），并涉及品格要素的第 5 类（诚实、守信）中 2 个题项，以及第 9 类（勤奋、努力）中的 2 个题项。除此之外，还包括 C17 题项，表达的是做事的品格表现，结合概念模型中的做事品格维度划分，考虑将因子 4 命名为"做事品格的执着性"维度。

因子 5 对应的题项覆盖品格要素的第 1 类并涉及 C4 题项和 C18 题项，其中 C18 题项的选词既表达负责要素又涵盖"同伴"的合作因素，结合概念模型中的情感品格维度划分，所以考虑将因子 5 命名为"合作品格的关爱性"维度。

至此，5 个因子的命名工作完成。

第五章

创造力品格调查数据统计分析

第一节 因子的信度分析

一、"生存品格的积极性"指标信度分析

对创造力品格中的"生存品格的积极性"维度进行信度分析：通过 SPSS 20.0 统计软件，对构成"生存品格的积极性"维度相关的题项（C24、C28、C29、C30、C31、C32、C33、C34、C35、C36 等 10 个题项）一起进行信度分析，其分析输出结果分成观察值处理表（见表 5–1）和信度统计表（见表 5–2）。

表 5-1 "生存品格的积极性"的信度分析观察值处理

案例处理汇总			
项目		有效数	信度（%）
案例	有效	3101	100
	已排除 a	0	0
	总计	3101	100
a. 在此程序中基于所有变量的列表方式删除			

表 5-2 "生存品格的积极性"的信度统计

可靠性统计量		
Cronbach's Alpha	基于标准化项的 Cronbach's Alpha	项数
0.886	0.886	10

来源：本研究数据整理。

基于上表中数据可见，因子1，即"生存品格的积极性"维度的信度分析结果显示，该项维度的内部一致性 Alpha 系数为 0.886，信度指标比较理想，标准化的内部一致性 Alpha 系数也为 0.886，包含有 10 个题项，各题项的整体统计量情况见表 5-3。

表 5-3 "生存品格的积极性"中各题项的整体统计量

项总计统计量					
题　项	项已删除的刻度均值	项已删除的刻度方差引	校正的项总计相关性	多相关性的平方	项已删除的 Cronbach's Alpha 值
C24.我是一个有民主风范的人，比如兼听则明、偏信则暗……	37.67	26.460	0.595	0.367	0.876
C28.我懂得感恩，也珍视和欣赏别人的付出	37.35	27.208	0.607	0.377	0.876
C29.我对平凡的事物不觉得厌烦，对日常生活永感新鲜	37.76	25.894	0.611	0.378	0.876
C30.我了解并认识现实，持较为实际的人生观	37.56	26.621	0.604	0.377	0.876
C31.我相信生活会更美好	37.38	26.707	0.623	0.416	0.874
C32.我积极乐观，有时富有幽默感	37.49	26.427	0.618	0.404	0.875
C33.我喜欢以自己独立的思维方式去思考问题	37.53	26.971	0.580	0.362	0.877
C34.我认为服务精神是个体素质的重要构成	37.58	26.186	0.658	0.483	0.872
C35.我能从服务别人和奉献社会的事情中获得人生的意义	37.59	25.949	0.680	0.529	0.870
C36.我在参与了社会公益活动后会变得更加成熟	37.51	26.351	0.616	0.430	0.875

来源：本研究数据整理。

因子1各题项的整体统计量表格显示的是对应的 10 个题项的一致性程度判别的相关指标，这 10 个题项的多相关性系数的平方值介于 0.367 ~ 0.529，校正后的题项总相关性指标介于 0.580 ~ 0.689，可见，每个题项与其余题项加总的一致性比较高，题项已删除的 Cronbach's Alpha 值介于 0.870 ~ 0.876，没有高于因子整体维度的 Alpha 系数。结论：在因子1"生存品格的积极性"维度，其内部一致性信度非常理想。

二、"认知品格的优秀性"指标信度分析

与"生存品格的积极性"维度因子信度分析同样的分析路径，做出因子 2 "认知品格的优秀性"维度（包含 C5、C6、C7、C8、C9、C14、C16 等 7 个题项）的信度指数见表 5-4 和表 5-5。

表 5-4 "认知品格的优秀性"维度因子信度分析

可靠性统计量		
Cronbach's Alpha	基于标准化项的 Cronbach's Alpha	项数
0.860	0.862	7

表 5-5 "认知品格的优秀性"中各题项的态体统计量

项总计统计量					
题 项	项已删除的刻度均值	项已删除的刻度方差引	校正的项总计相关性	多相关性的平方	项已删除的Cronbach's Alpha 值
C5. 我有较广阔的视野，就事论事，较少考虑个人利害	23.36	15.985	0.650	0.437	0.837
C6. 我在做正确的事情却遭遇不公时仍能坚持	23.32	15.952	0.611	0.398	0.843
C7. 我精力充沛、思路敏捷	23.22	15.749	0.713	0.570	0.828
C8. 我能迅速、灵活、正确地理解和解决事情	23.25	15.832	0.709	0.583	0.829
C9. 我像周围大多数人那样精明能干	23.32	15.735	0.684	0.508	0.832
C14. 我喜欢公开地、直截了当地表达思想和感情	23.16	16.807	0.463	0.229	0.865
C16. 我会主动发现工作，有时也喜欢自己做主	23.08	16.766	0.583	0.341	0.846

来源：本研究数据整理。

"认知品格的优秀性"维度的信度分析结果显示，该项维度的内部一致性 Alpha 系数为 0.860，信度指标比较理想，标准化的内部一致性 Alpha 系数为 0.862，包含有 7 个题项，各题项的整体统计量见上表中的指标，不再一一赘述。

三、"节操品格的理智性"指标信度分析

因子 3 "节操品格的理智性"维度（包含 C19、C20、C21、C22、C23、C25

等 6 个题项）的信度指数见表 5-6 和表 5-7。

表 5-6 "节操品格的理智性"维度因子信度分析

可靠性统计量		
Cronbach's Alpha	基于标准化项的 Cronbach's Alpha	项数
0.827	0.827	6

表 5-7 "节操品格的理智性"中各题项的态体统计量

题 项	项总计统计量				
	项已删除的刻度均值	项已删除的刻度方差引	校正的项总计相关性	多相关性的平方	项已删除的 Cronbach's Alpha 值
C19. 我喜欢计划好自己的工作、学习和生活	19.92	10.888	0.624	0.422	0.793
C20. 我不会放任自己的情绪和情感过于激动或者过于外露	19.84	11.271	0.550	0.306	0.808
C21. 我喜欢将一切都弄得井然有序	19.81	11.050	0.623	0.408	0.793
C22. 我能够与那些我认为做错事的人友好相处	19.95	11.016	0.614	0.407	0.795
C23. 我可以心态平和地对待不同观点	19.80	11.582	0.580	0.373	0.802
C25. 周围的人认为我是一个努力和勤奋的人	19.96	11.105	0.582	0.352	0.802

来源：本研究数据整理。

"节操品格的理智性"维度的信度分析结果显示，该项维度的内部一致性 Alpha 系数为 0.827，信度指标比较理想，标准化的内部一致性 Alpha 系数也为 0.827，包含有 6 个题项，各题项的整体统计量见上表中的指标。

四、"做事品格的执着性"指标信度分析

因子 4 "做事品格的执着性"维度（包含 C10、C11、C12、C13、C15、C17、C26、C27 等 8 个题项）的信度指数见表 5-8 和表 5-9。

表 5-8 "做事品格的执着性"维度因子信度分析

可靠性统计量		
Cronbach's Alpha	基于标准化项的 Cronbach's Alpha	项数
0.844	0.843	8

表 5-9 "做事品格的执着性"中各题项的态体统计量

项总计统计量					
题 项	项已删除的刻度均值	项已删除的刻度方差引	校正的项总计相关性	多相关性的平方	项已删除的 Cronbach's Alpha 值
C10. 我相信自己会在艰难困苦中磨炼得更好	29.50	14.610	0.588	0.360	0.824
C11. 我有强烈的把事情完成的情绪	29.55	14.422	0.601	0.382	0.822
C12. 面对挫折和困难我不会退缩	29.71	14.282	0.635	0.424	0.817
C13. 我尽可能地做到总是说实话	29.52	15.086	0.530	0.305	0.831
C15. 承诺过的事情我一定要做到	29.50	14.994	0.557	0.336	0.827
C17. 我总是尽力做得至少比别人所期望的要好一点	29.57	14.556	0.610	0.378	0.821
C26. 我认为成功离不开汗水和付出	29.34	15.381	0.511	0.283	0.833
C27. 我对生活有改造的意愿和能力	29.62	14.715	0.577	0.348	0.825

来源：本研究数据整理。

"做事品格的执着性"维度的信度分析结果显示，该项维度的内部一致性 Alpha 系数为 0.844，信度指标比较理想，标准化的内部一致性 Alpha 系数为 0.843，包含有 8 个题项，各题项的整体统计量见上表中的指标。

五、"合作品格的关爱性"指标信度分析

因子 5 "合作品格的关爱性"维度（包含 C1、C2、C3、C4、C18 等 5 个题项）的信度指数见表 5-10 和表 5-11。

表 5-10 "合作品格的关爱性"维度因子信度分析

可靠性统计量		
Cronbach's Alpha	基于标准化项的 Cronbach's Alpha	项数
0.758	0.759	5

表 5-11 "合作品格的关爱性"中各题项的态体统计量

项总计统计量					
题　项	项已删除的刻度均值	项已删除的刻度方差引	校正的项总计相关性	多相关性的平方	项已删除的 Cronbach's Alpha 值
C1. 我富有爱心，是一个热心人	16.77	5.423	0.546	0.311	0.706
C2. 我做某些事情前常要考虑别人会有何想法	16.70	5.594	0.536	0.308	0.710
C3. 我具有同情心，能够理解别人，善于对别人的情绪做出反应	16.75	5.378	0.603	0.375	0.687
C4. 我相信言行公正会产生或带来积极效应	16.73	5.643	0.448	0.205	0.743
C18. 对我来说，最重要的事情是对工作和同伴尽责	16.74	5.650	0.497	0.247	0.724

来源：本研究数据整理。

"合作品格的关爱性"维度的信度分析结果显示，该项维度的内部一致性 Alpha 系数为 0.758，标准化的内部一致性 Alpha 系数为 0.759，该因子的信度指标稍低于另外的 4 个因子，但是远大于 0.5，信度指标还算理想。该维度下面包含有 5 个题项，各题项的整体统计量见上表中的指标。

综合上述 5 因子的信度分析结果，就各因子整体状况而言，其内部一致性 Alpha 系数指标和标准化的内部一致性 Alpha 系数指标都达到了理想的信度。各因子维度下的题项整体统计也满足对应的统计研究的要求。

第二节　相关性分析

将创造力品格的 5 个因子维度指标与创造力测试的指标（创造性思维得分、创造性倾向表现和创造力总体表现）分别进行相关性分析。

研究中将被调查个体对应的创造力品格的 5 个因子维度得分与其创造性思维得分、创造性倾向表现和创造力总分进行相关分析，可以得出他们之间的相关系数。

一、"生存品格的积极性"与创造力的相关性分析

将创造力品格因素分析中的因子 1 得分，即"生存品格的积极性"维度与创造力测试结果的创造性思维得分、创造性倾向表现和创造力总体表现分别进行 Pearson 相关检验分析，从结果看创造力品格的"生存品格的积极性"维度对创造力的影响。

表 5-12　"生存品格的积极性"维度与创造性思维表现的 Pearson 相关性分析

维　度		生存品格的积极性	创造性思维表现
生存品格的积极性	Pearson 相关性	1	0.087^{**}
	显著性（双侧）	—	0
	平方与叉积的和	3100.000	1657.647
	协方差	1	0.535
	有效数	3101	3101
创造性思维表现	Pearson 相关性	0.087^{**}	1
	显著性（双侧）	0	—
	平方与叉积的和	1657.647	117514.270
	协方差	0.535	37.908
	有效数	3101	3101
**. 在 0.01 水平（双侧）上显著相关			

来源：本研究数据分析。

从表 5-12 分析结果可见，"生存品格的积极性"维度与创造性思维表现的 Pearson 相关的显著性概率值为 0，满足 p 小于 0.05，结论为显著，其相关系数为 0.087，为低度正相关。

表 5-13　"生存品格的积极性"维度与创造性倾向的 Pearson 相关性分析

维　度		生存品格的积极性	创造性倾向表现
生存品格的积极性	Pearson 相关性	1	0.134^{**}
	显著性（双侧）	—	0
	平方与叉积的和	3100.000	3164.622
	协方差	1	1.021
	有效数	3101	3101

续 表

维　度		生存品格的积极性	创造性倾向表现
创造性倾向表现	Pearson 相关性	0.134**	1
	显著性（双侧）	0	—
	平方与叉积的和	3164.622	181071.763
	协方差	1.021	58.410
	有效数	3101	3101
**. 在 0.01 水平（双侧）上显著相关			

来源：本研究数据分析。

从表 5-13 分析结果可见，"生存品格的积极性"维度与创造性倾向表现的 Pearson 相关的显著性概率值为 0，满足 p 小于 0.05，结论为显著，其相关系数为 0.134，为低度正相关。

表 5-14 "生存品格的积极性"维度与创造力总体表现的 Pearson 相关性分析

维　度		生存品格的积极性	创造力总体表现
生存品格的积极性	Pearson 相关性	1	0.131**
	显著性（双侧）	—	0
	平方与叉积的和	3100.000	4822.270
	协方差	1	1.556
	有效数	3101	3101
创造力总体表现	Pearson 相关性	0.131**	1
	显著性（双侧）	0	—
	平方与叉积的和	4822.270	436613.792
	协方差	1.556	140.843
	有效数	3101	3101
**. 在 0.01 水平（双侧）上显著相关			

来源：本研究数据分析。

从表 5-14 分析结果可见，"生存品格的积极性"维度与创造力总体表现的 Pearson 相关的显著性概率值为 0，满足 p 小于 0.05，结论为显著，其相关系数为 0.131，为低度正相关。

结论：创造力品格的"生存品格的积极性"维度与创造力测试的成绩存在低度正相关，相关性概率值为显著。

二、"认知品格的优秀性"与创造力的相关性分析

对创造力品格因素分析中的因子 2 得分，即"认知品格的优秀性"维度与创造力测试结果的创造性思维得分、创造性倾向表现和创造力总体表现分别进行

Pearson 相关检验分析，从结果看创造力品格的"认知品格的优秀性"维度对创造力的影响。

表 5-15　"认知品格的优秀性"维度与创造力测试各指标的 Pearson 相关性分析

维　度		认知品格的优秀度	创造性思维表现	创造性倾向表现	创造力总体表现
认知品格的优秀度	Pearson 相关性	1	0.311**	0.389**	0.412**
	显著性（双侧）	—	0	0	0
	平方与叉积的和	3100.000	5931.902	9225.234	15157.136
	协方差	1	1.914	2.976	4.889
	有效数	3101	3101	3101	3101
＊＊.在 0.01 水平（双侧）上显著相关					

来源：本研究数据分析。

从表 5-15 分析结果可见，"认知品格的优秀性"维度与创造性思维表现的 Pearson 相关的相关系数为 0.311，其显著性概率值为 0，满足 p 小于 0.05，结论为显著，相关系数表现为低度正相关。该维度与创造性倾向表现的相关系数为 0.389，其显著性概率值为 0，结论为相关性显著，相关系数为低度正相关。"认知品格的优秀性"维度与创造力总体表现的 Pearson 相关的相关系数为 0.412，其显著性概率值为 0，结论是创造力品格中的"认知品格的优秀性"维度与创造力测试总体表现的相关性概率显著，且其相关系数表现为中度正相关。

三、"节操品格的理智性"与创造力的相关性分析

对创造力品格因素分析中的因子 3 得分，即"节操品格的理智性"维度与创造力测试结果的创造性思维得分、创造性倾向表现和创造力总体表现分别进行 Pearson 相关检验分析，从结果看创造力品格的"节操品格的理智性"维度对创造力的影响。

表 5-16　"节操品格的理智性"维度与创造力测试各指标的 Pearson 相关性分析

维　度		创造性思维表现	创造性倾向表现	创造力总体表现	节操品格的理性度
节操品格的理性度	Pearson 相关性	0.052**	0.142**	0.119**	1
	显著性（双侧）	0.004	0	0	—
	平方与叉积的和	997.293	3370.121	4367.414	3100.000
	协方差	0.322	1.087	1.409	1
	有效数	3101	3101	3101	3101
＊＊.在 0.01 水平（双侧）上显著相关					

来源：本研究数据分析。

从表 5-16 分析结果可见，"节操品格的理智性"维度与创造性思维表现的 Pearson 相关的相关系数为 0.052，其显著性概率值为 0.004，满足 p 小于 0.05，结论为显著，相关系数表现为低度正相关。该维度与创造性倾向表现的相关系数为 0.142，其显著性概率值为 0，结论为相关性显著，相关系数为低度正相关。"节操品格的理智性"维度与创造力总体表现的 Pearson 相关的相关系数为 0.119，其显著性概率值为 0，结论是创造力品格中的"节操品格的理智性"维度与创造力测试总体表现的相关性概率显著，且其相关系数表现为低度正相关。

四、"做事品格的执着性"与创造力的相关性分析

对创造力品格因素分析中的因子 4 得分，即"做事品格的执着性"维度与创造力测试结果的创造性思维得分、创造性倾向表现和创造力总体表现分别进行 Pearson 相关检验分析，从结果看创造力品格的"做事品格的执着性"维度与创造力的相关。

表 5-17 "做事品格的执着性"维度与创造力测试各指标的 Pearson 相关性分析

维　度		创造性思维表现	创造性倾向表现	创造力总体表现	做事品格的执着度
做事品格的执着度	Pearson 相关性	0.201**	0.156**	0.205**	1
	显著性（双侧）	0	0	0	—
	平方与叉积的和	3828.227	3702.866	7531.093	3100.000
	协方差	1.235	1.194	2.429	1
	有效数	3101	3101	3101	3101
**.在 0.01 水平（双侧）上显著相关					

来源：本研究数据分析。

从表 5-17 分析结果可见，"做事品格的执着性"维度与创造性思维表现的 Pearson 相关的相关系数为 0.201，其显著性概率值为 0，满足 p 小于 0.05，结论为显著，相关系数表现为低度正相关。该维度与创造性倾向表现的相关系数为 0.156，其显著性概率值为 0，结论为相关性显著，相关系数为低度正相关。"做事品格的执着性"维度与创造力总体表现的 Pearson 相关的相关系数为 0.205，其显著性概率值为 0，结论是创造力品格中的"做事品格的执着性"维度与创造力测试总体表现的相关性概率显著，且其相关系数表现为低度正相关。

五、"合作品格的关爱性"与创造力的相关性分析

对创造力品格因素分析中的因子5得分，即"合作品格的关爱性"维度与创造力测试结果的创造性思维得分、创造性倾向表现和创造力总体表现分别进行 Pearson 相关检验分析，从结果看创造力品格的"合作品格的关爱性"维度对创造力的影响。

表 5-18　"合作品格的关爱性"维度与创造力测试各指标的 Pearson 相关性分析

维　度		创造性思维表现	创造性倾向表现	创造力总体表现	合作品格的关爱度
合作品格的关爱度	Pearson 相关性	0.053 **	0.072 **	0.074 **	1
	显著性（双侧）	0.003	0	0	—
	平方与叉积的和	1011.956	1704.976	2716.932	3100.000
	协方差	0.326	0.550	0.876	1
	有效数	3101	3101	3101	3101
＊＊.在 0.01 水平（双侧）上显著相关					

来源：本研究数据分析。

从表 5-18 分析结果可见，"合作品格的关爱性"维度与创造性思维表现的 Pearson 相关的相关系数为 0.053，其显著性概率值为 0.03，满足 p 小于 0.05，结论为显著，相关系数表现为低度正相关。该维度与创造性倾向表现的相关系数为 0.072，其显著性概率值为 0，结论为相关性显著，相关系数为低度正相关。"合作品格的关爱性"维度与创造力总体表现的 Pearson 相关的相关系数为 0.074，其显著性概率值为 0，结论是创造力品格中的"做事品格的执着性"维度与创造力测试总体表现的相关性概率显著，且其相关系数表现为低度正相关。

第三节　回归分析

创造力的影响因素不仅有属于个体特质的品格因素，还包括环境类的因素，随着研究的进一步拓展，甚至有其他一些在环境范畴和品格范畴之外的关键要素也有可能被发现。但在本研究中，基于探究品格要素中影响创造力的各维度要素构成的目的，在所进行的分析中是将影响创造力的环境要素及其他相关要素加以控制的。基于严谨的角度，在模型建构中要将调查问卷中关于环境和智

能影响因素的调查数据作为控制变量加入回归模型建构，分析回归模型在创造力品格 5 因子加入后解释力的变化，验证创造力对品格要素的依赖度，即创造力品格要素对个体创造力的影响程度。先把控制变量纳入回归，再加入由 5 个维度构成的创造力品格指标分层次建构回归方程，加以检验。

作为控制变量的环境因素和智能因素的调查，根据已有调查中广泛使用的指标与被调查对象的适用层面选取了学校所属层次、社会氛围、同学影响、家庭开明程度等要素加以汇总；智能因素中针对大学生情况分别调查了学习成绩指标、综合能力指标、知识面分层等若干要素加以汇总。

一、自变量的共线性检验

创造力品格各维度指标的共线性诊断结果如表 5-19 所示。

表 5-19　预测变量的共线性诊断

共线性诊断 [a]									
模型	维数	特征值	条件索引	方差比例					
				（常量）	生存品格的积极度	认知品格的优秀度	节操品格的理性度	做事品格的执着度	合作品格的关爱度
1	1	1	1	0.46	0.03	0.18	0.33	0.01	0
	2	1	1	0	0.05	0.64	0.23	0.08	0
	3	1	1	0	0.05	0.04	0.11	0.81	0
	4	1	1	0	0	0	0	0	1
	5	1	1	0	0.86	0	0.05	0.10	0
	6	1	1	0.54	0.02	0.15	0.28	0.01	0
a. 因变量：创造性思维									

从预测变量的共线性诊断表可以看出，创造力品格的 5 个维度自变量指标的方差膨胀系数值均在 1 以下，没有大于评鉴指标值 10，表示进入回归方程式的自变量间多元共线性问题不明显。

二、创造力品格对相关创造性思维影响的回归分析

以创造力品格的 5 个维度指标分别为自变量，环境变量和智能变量为控制变量，创造性思维得分为因变量，采用层次回归分析考察创造力品格各维度指标对创造性思维得分的解释效力。

表 5-20 创造力品格对创造性思维的回归模型汇总表

模型汇总 c								
模型	R	R 方	调整 R 方	标准估计的误差	更改统计量			
					R 方更改	F 更改	df1	df2	Sig. F 更改
1	0.193[a]	0.037	0.036	6.04365	0.037	59.650	2	3098	0
2	0.381[b]	0.145	0.143	5.69849	0.108	78.333	5	3093	0
a. 预测变量：（常量）、智能、环境								
b. 预测变量：（常量）、智能、环境、合作品格、节操品格、认知品格、做事品格、生存品格								
c. 因变量：创造性思维指标								

来源：本研究数据分析。

从表 5-20 可以看出，加入创造力品格的 5 个维度指标后，该回归模型解释创造性思维指标的变异量有明显变化，其回归 R 方变异量是 10.8%，在加入控制变量影响因素的情况下，预测变量指标共可以解释创造性思维得分效标变量14.3% 的变异量。总的来说，创造力品格能够预测创造性思维得分的 10.8%。

表 5-21 创造力品格对创造性思维的回归系数表

系数 a								
模型	变量	非标准化系数		标准系数	t	Sig.	共线性统计量	
		B	标准误差	试用版			容差	VIF
2	（常量）	30.753	0.961	—	31.992	0.000	—	—
	环境	0.403	0.148	0.045	2.731	0.006	0.999	1.001
	智能	0.329	0.051	0.111	6.451	0.000	0.941	1.063
	生存品格	0.013	0.033	0.012	0.395	0.693	0.304	3.286
	认知品格	0.365	0.036	0.274	10.005	0.000	0.368	2.720
	节操品格	0.240	0.043	0.154	5.639	0.000	0.372	2.691
	做事品格	−0.069	0.042	−0.049	−1.653	0.098	0.319	3.133
	合作品格	−0.119	0.057	−0.055	−2.092	0.037	0.395	2.532
a. 因变量：创造性思维指标								
2，表示层次回归中的第 2 个模型，第 1 个模型为控制变量模型								

来源：本研究数据分析。

通过解读创造力品格对创造性思维的回归系数表（见表 5-21）发现，在加入控制变量后，创造力品格各维度对创造性思维的影响系数显示：生存品格和做事品格对创造性思维因变量的解释影响力不明显，合作品格对创造性思维因变量有较弱的解释力；认知品格和合作品格解释力显著。

为进一步修正研究模型，用逐步回归法淘汰相关不明显的因子，建立回归方程。

表 5-22　创造力品格对创造性思维的回归系数表修正

| 模型 | 变量 | 非标准化系数 | | 标准系数 | t | Sig. | 共线性统计量 | |
		B	标准误差	试用版			容差	VIF
5*	（常量）	30.270	0.892	—	33.925	0.000	—	—
	认知品格	0.351	0.035	0.264	10.155	0.000	0.408	2.449
	智能	0.327	0.051	0.110	6.419	0.000	0.943	1.060
	节操品格	0.224	0.040	0.143	5.640	0.000	0.427	2.342
	合作品格	−0.146	0.051	−0.068	−2.880	0.004	0.500	1.999
	环境	0.407	0.148	0.046	2.754	0.006	0.999	1.001

系数 a

a. 因变量：创造性思维指标
5*，逐步回归的第 5 个模型

由表 5-22 可以得出创造力品格对创造性思维回归方程式如下：

创造性思维得分＝30.270＋0.351×认知品格的优秀度＋0.224×节操品格的理性度－0.146×合作品格的关爱度＋0.327×智能变量＋0.407×环境变量

从上述回归方程可以看出，在 5 个创造力品格维度指标中，"认知品格的优秀度"和"节操品格的理性度"两个自变量对因变量的正影响较大，而"合作品格的关爱度"对因变量产生低度的负影响，"生存品格的积极度"和"做事品格的执着度"对创造性思维的影响程度忽略不计。

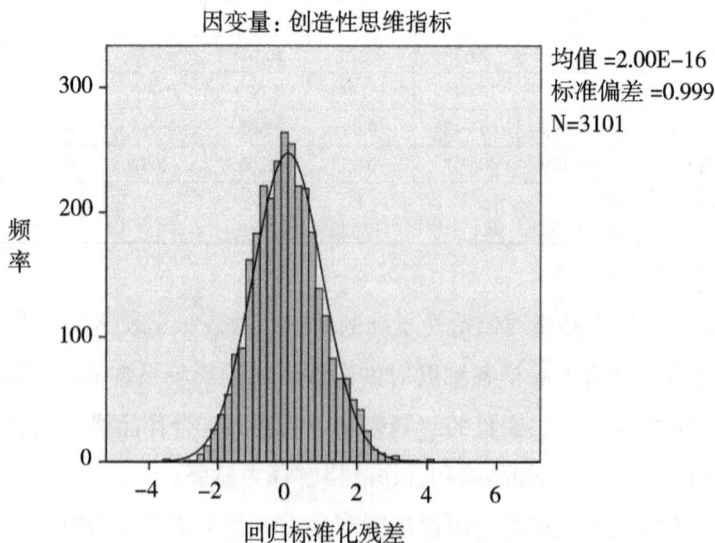

因变量：创造性思维指标
均值 =2.00E−16
标准偏差 =0.999
N=3101

图 5-1　回归标准化残差值的直方图

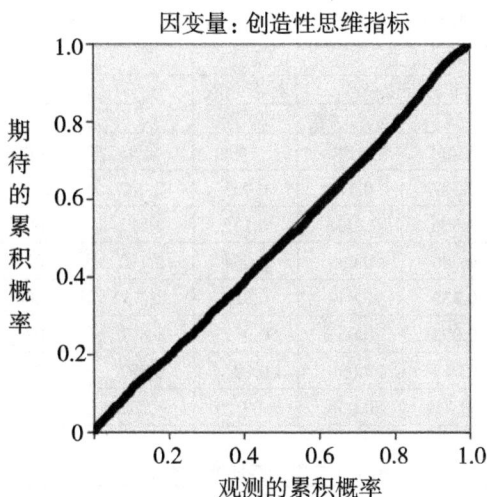

图 5-2 样本标准化残差值的正态概率分布

从回归标准化残差值的直方图和样本标准化残差值的正态概率分布图可以发现，检验样本观察值大致符合正态性的假定。（如图 5-1、图 5-2 所示）

三、创造力品格对相关创造性倾向影响的回归分析

以创造力品格的 5 个维度指标分别为自变量，环境变量和智能变量为控制变量，创造性思维得分为因变量，采用层次回归分析考察创造力品格各维度指标对创造性倾向表现的预测效力，结果见表 5-23。

表 5-23 创造力品格对创造性倾向的回归模型汇总表

模型汇总[c]								
模型	R	R 方	调整 R 方	标准估计的误差	更改统计量			
					R 方更改	F 更改	df1	df2	Sig. F 更改
1	0.233[a]	0.054	0.054	7.43447	0.054	89.026	2	3098	0.000
2	0.456[b]	0.208	0.206	6.80894	0.154	120.074	5	3093	0.000

a. 预测变量：(常量)、智能、环境
b. 预测变量：(常量)、智能、环境、合作品格、节操品格、认知品格、做事品格、生存品格
c. 因变量：创造性倾向指标

来源：本研究数据分析。

从创造力品格对创造性思维的回归模型汇总表可以看出，在加入控制变量影响因素的情况下，加入创造力品格的 5 个维度指标后，该模型回归解释创造性倾向指标的变异量有明显变化，其回归 R 方变异量是 15.4%。

表 5-24 创造力品格对创造性倾向的回归系数表

模型	变量	系数 ª					共线性统计量	
		非标准化系数		标准系数	*t*	Sig.		
		B	标准误差	试用版			容差	VIF
2	（常量）	5.738	1.149	—	4.995	0.000	—	—
	环境	0.367	0.176	0.033	2.082	0.037	0.999	1.001
	智能	0.506	0.061	0.137	8.292	0.000	0.941	1.063
	生存品格	0.086	0.039	0.064	2.192	0.028	0.304	3.286
	认知品格	0.538	0.044	0.326	12.359	0.000	0.368	2.720
	节操品格	0.092	0.051	0.047	1.807	0.071	0.372	2.691
	做事品格	0.013	0.050	0.007	0.257	0.797	0.319	3.133
	合作品格	−0.049	0.068	−0.018	−0.723	0.470	0.395	2.532

a. 因变量：创造性倾向指标

2，表示层次回归中的第 2 个模型，第 1 个模型为控制变量模型

来源：本研究数据分析。

分析创造力品格对创造性倾向的回归系数表（见表 5-24），加入控制变量后，创造力品格各维度对创造性思维的影响系数显示：认知品格对因变量的影响系数显著，生存品格对创造性倾向因变量有较弱的解释力，而节操品格、做事品格和合作品格对因变量的解释影响力不明显。

为进一步修正研究模型，用逐步回归法淘汰相关不明显的因子，建立回归方程。

表 5-25 创造力品格对创造性倾向的回归系数表修正

模型	变量	系数 ª					共线性统计量	
		非标准化系数		标准系数	*t*	Sig.		
		B	标准误差	试用版			容差	VIF
4 *	（常量）	5.767	1.053	—	5.475	0.000	—	—
	认知品格	0.567	0.037	0.343	15.128	0.000	0.497	2.012
	智能	0.512	0.061	0.139	8.410	0.000	0.944	1.059
	生存品格	0.104	0.030	0.077	3.404	0.001	0.498	2.007
	环境	0.368	0.176	0.033	2.085	0.037	0.999	1.001

a. 因变量：创造性倾向指标

4 *，逐步回归的第 4 个模型

由表 5-25 可以得出创造力品格对创造性倾向的回归方程式如下：

创造性倾向 = 5.767 + 0.567 × 认知品格的优秀度 + 0.104 × 生存品格的积极度 + 0.512 × 智能变量 + 0.368 × 环境变量

从上述回归方程可以看出，5 个创造力品格维度指标中，"认知品格的优秀

度"自变量对因变量的影响较大，其次为"生存品格的积极度"，而"做事品格的执着度""节操品格的理性度"和"合作品格的关爱度"3 个自变量在加入控制变量的情况下对创造性倾向表现的影响程度不明显。

四、创造力品格对创造力表现的回归分析

以创造力品格的 5 个维度指标分别为自变量，环境变量和智能变量为控制变量，创造性思维得分为因变量，采用层次回归分析考察创造力品格各维度指标对创造力综合指标的预测效力，结果见表 5-26。

表 5-26　创造力品格对创造力指标的回归模型汇总表

模型汇总[c]								
模型	R	R 方	调整 R 方	标准估计的误差	更改统计量			
					R 方更改	F 更改	df1	df2	Sig. F 更改
1	0.250[a]	0.062	0.062	11.49538	0.062	103.041	2	3098	0.000
2	0.489[b]	0.239	0.237	10.36659	0.176	143.279	5	3093	0.000

a. 预测变量：（常量）、智能、环境
b. 预测变量：（常量）、智能、环境、合作品格、节操品格、认知品格、做事品格、生存品格
c. 因变量：创造力指标

从创造力品格对创造力指标的回归模型汇总表可以看出，在加入控制变量影响因素的情况下，加入创造力品格的 5 个维度指标后，该回归模型解释创造力指标的变异量有明显变化，其回归 R 方变异量是 17.6%。

表 5-27　创造力品格对创造力指标的回归系数表

系数[a]								
模型	变量	非标准化系数		标准系数	t	Sig.	共线性统计量	
		B	标准误差	试用版			容差	VIF
2	（常量）	36.490	1.749	—	20.867	0.000	—	—
	环境	0.771	0.269	0.045	2.869	0.004	0.999	1.001
	智能	0.835	0.093	0.145	8.992	0.000	0.941	1.063
	生存品格	0.098	0.059	0.047	1.657	0.098	0.304	3.286
	认知品格	0.903	0.066	0.352	13.618	0.000	0.368	2.720
	节操品格	0.332	0.078	0.110	4.287	0.000	0.372	2.691
	做事品格	−0.056	0.076	−0.021	−0.740	0.460	0.319	3.133
	合作品格	−0.169	0.104	−0.041	−1.625	0.104	0.395	2.532

a. 因变量：创造力指标
2，表示层次回归中的第 2 个模型，第 1 个模型为控制变量模型

来源：本研究数据分析。

分析创造力品格对创造力指标的回归系数表（见表 5–27），加入控制变量后，创造力品格各维度对创造性思维的影响系数显示：认知品格和节操品格对因变量的影响系数显著，而生存品格、做事品格和合作品格对因变量的解释影响力不明显。

为进一步修正研究模型，用逐步回归法淘汰相关不明显的因子，建立回归方程。

表 5–28　创造力品格对创造力指标的回归系数表修正

模型	变量	系数 a							
		非标准化系数		标准系数	t	Sig.	共线性统计量		
		B	标准误差	试用版			容差	VIF	
4*	（常量）	35.799	1.451	—	24.676	0.000	—	—	
	认知品格	0.886	0.058	0.346	15.175	0.000	0.474	2.108	
	智能	0.838	0.093	0.146	9.035	0.000	0.944	1.059	
	节操品格	0.325	0.069	0.108	4.741	0.000	0.475	2.105	
	环境	0.768	0.269	0.045	2.856	0.004	0.999	1.001	

a. 因变量：创造力指标
4*，逐步回归的第 4 个模型

由表 5–28 可以得出创造力品格对创造力成绩的回归方程式如下：

创造力指标 $= 35.799 + 0.886 \times$ 认知品格的优秀度 $+ 0.325 \times$ 节操品格的理性度 $+ 0.838 \times$ 智能变量 $+ 0.768 \times$ 环境变量

从上述回归方程可以看出，5 个创造力品格维度指标中，"认知品格的优秀度"和"节操品格的理性度"自变量对因变量的影响较大，而"做事品格的执着度""生存品格的积极度"和"合作品格的关爱度"3 个自变量在加入控制变量的情况下对创造性倾向表现的影响程度不明显。

第六章

大学生创造力品格现状分析

第一节 样本背景数据挖掘

最终正式调查所含的样本数据包含有效被试者 3101 个，其背景数据情况可形成相应的调查报告。

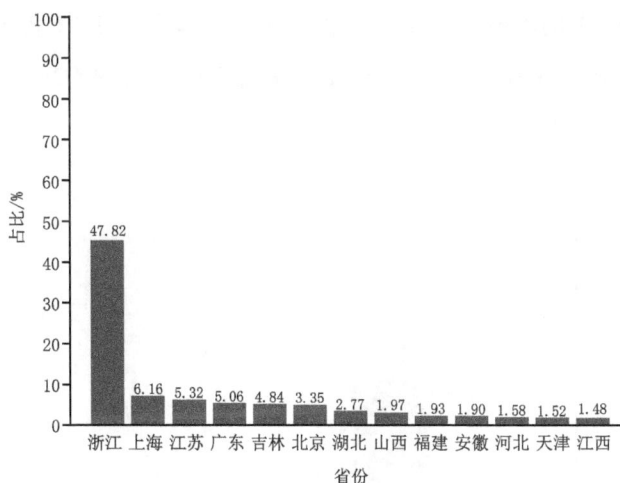

图 6-1 调查数据样本的地域分布

从地理位置上看，除去 1.09％的数据不能确定其地域归属外，样本可以覆盖国内大多数省级行政区。浙江的比例最高，另外，高等教育比较发达的省市样本数据比例都比较客观，偏远地区除西藏没有数据外，贵州、青海、新疆、

宁夏、广西、内蒙古等都有少量样本数据。（如图6-1所示）

被调查大学生的性别分布为男生占总体样本的59.11%，女生占总体样本的40.89%。（如图6-2所示）

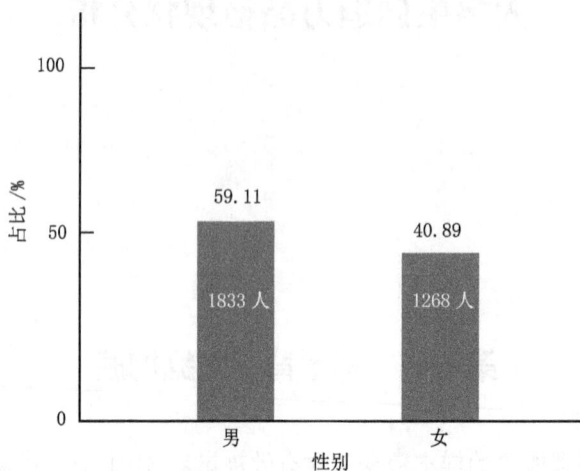

图 6-2　调查对象性别分布

被调查大学生的学校层次背景数据显示，所涉及的3101名大学生中，部属公立高校大学生占16.87%，省属或市属公立高校占56.92%，民办高校占24.12%，其他高校占2.09%。（如图6-3所示）

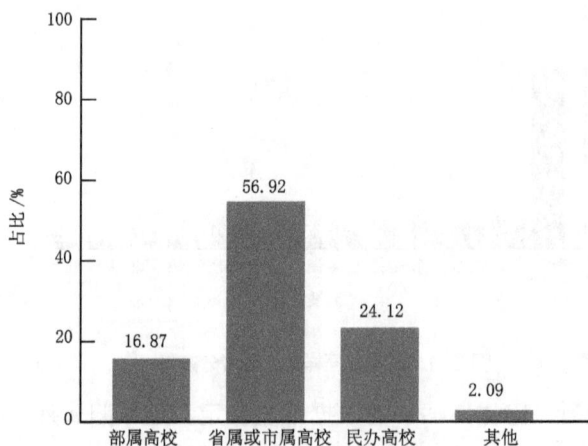

图 6-3　被调查大学生的学校分布背景

　　调查对象所属学科分布如图6-4所示：工科和理科学生在总样本中分布比例相对较高，分别为35.47%和26.83%，其次为人文社科类，占19.61%，医科和艺术类学科各占3.32%和3.29%，农科占0.94%，军事科占0.19%，其他类（或被调查者不能正确分类）占10.35%。与现实高校中大学生对各学科的关注程度呈相对合理分布。

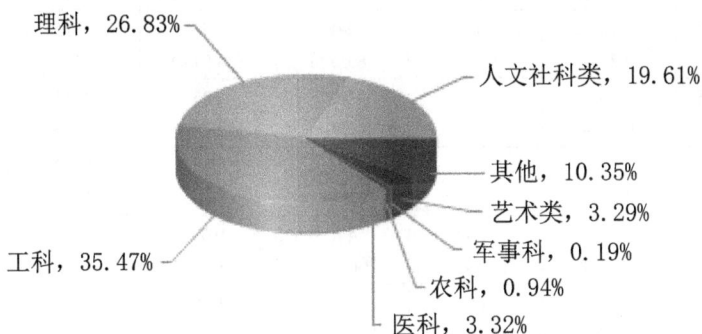

图6-4　调查对象所属学科分布

　　综上可见，本次调查涉及大学生的分布具有较强的代表性。

第二节　大学生创造力品格的特征

一、大学生对创造力品格认同情况分析

　　在此次调查中，我们在问卷中调查了大学生对创造力品格的认同程度，发现除了重视"做事品格的执着性"维度的部分题项外，被调查大学生对其他几个维度所涵盖的品格要素表现出的认同度不够，尤其是对创造力表现影响达到中度相关的"认知品格的优秀性"维度，可见，学生对创新品格的认知和认同并没有达到理想程度。

表 6-1 大学生创造力品格认同调查数据表

题目/选项	很不重要	不重要	一般	重要	很重要	平均分
关心、爱护 (care)	43 (1.39%)	98 (3.16%)	528 (17.03%)	975 (31.44%)	1457 (46.98%)	4.19
公正、无私 (justice)	49 (1.58%)	117 (3.77%)	569 (18.35%)	1038 (33.47%)	1328 (42.82%)	4.12
智慧、敏感 (brightness)	13 (0.42%)	39 (1.26%)	299 (9.64%)	940 (30.31%)	1810 (58.37%)	4.45
勇敢、坚强 (courage)	12 (0.39%)	44 (1.42%)	248 (8.00%)	886 (28.57%)	1911 (61.63%)	4.50
诚实、守信 (faithfulness)	26 (0.84%)	53 (1.71%)	282 (9.09%)	683 (22.03%)	2057 (66.33%)	4.51
主动、负责 (responsibility)	9 (0.29%)	25 (0.81%)	216 (6.97%)	839 (27.06%)	2012 (64.88%)	4.55
节制、理性 (self-discipline)	29 (0.94%)	74 (2.39%)	440 (14.19%)	1072 (34.57%)	1486 (47.92%)	4.26
宽容、忍耐 (toleration)	30 (0.97%)	66 (2.13%)	416 (13.42%)	986 (31.80%)	1603 (51.69%)	4.31
勤奋、努力 (diligence)	6 (0.19%)	26 (0.84%)	221 (7.13%)	727 (23.44%)	2121 (68.40%)	4.59
感恩、欣赏 (gratitude)	19 (0.61%)	57 (1.84%)	428 (13.80%)	992 (31.99%)	1605 (51.76%)	4.32
乐观、向上 (optimism)	7 (0.23%)	31 (1%)	187 (6.03%)	811 (26.15%)	2065 (66.59%)	4.58
服务、奉献 (service)	28 (0.90%)	92 (2.97%)	491 (15.83%)	1013 (32.67%)	1477 (47.63%)	4.23

由表 6-1 可知，创造力品格 5 个维度构成要素中，"感恩、欣赏""乐观、向上"和"服务、奉献"是"生存品格的积极性"维度所包含的内容。从其结果中我们发现，在五分量表测试中，其均值只有"乐观、向上"这个最普遍的品格层面被较多调查者认同，其均值达到 4.58，超过了 4.50；而另外两项"感恩、欣赏"和"服务、奉献"的均值都低于 4.50。

"认知品格的优秀性"维度包括"公正、无私"和"智慧、敏感"。在相关分析和回归分析中，"认知品格的优秀性"维度的决定系数是 5 个因子中最高的，尤其是在创造力总分回归方程中，"认知品格的优秀度"的回归系数达到了 0.412。但在被调查者的认知中，其涵盖这两个层面的品格表述的认同系数都没有达到理想水平，在五分量表的得分均值分别为 4.12 和 4.45。在接下来的高校教育教学中，需要探索对应措施，加强大学生对品格中的"认知品格的优秀性"维度的认同和培养提升。

"节操品格的理智性"维度所包括的品格层面有"节制、理性"和"宽容、忍耐"等品格要素，其认同程度分别为4.26和4.31，也低于我们的期望值。

在"做事品格的执着性"维度所包含的品格要素中，"勇敢、坚强""诚实、守信""主动、负责"及"勤奋、努力"等层面，被调查者的认同均值都超过4.50，达到了我们设定的期望值。可见，在大学生心目中，能够对创造力产生直接影响的品格更多停留在做事品格层面，更多地体现为某种英雄情结。

"关心、爱护"等品格构成契合了"合作品格的关爱性"维度，但其在认同调查中的表现同样差强人意，被调查者认同均值仅为4.19。可见，创造力品格的"合作品格的关爱性"维度在创造力品格的教育教学探索中需要进一步地挖掘。

综上所述，在创造力品格5个维度所涵盖的品格要素层面中，只有"做事品格的执着性"维度所含要素层面的认同达到了创造力品格应有的期望值，其他要素尚未引起广泛的认同。这几个在认同测试中得分不理想的创造力品格维度所包含的要素层面，更多地体现在理想、德性和情操的要素集方面，使我们有个大胆的推理：价值合理性情感和理想信念的弱势直接影响了创造力品格的认同和发展，进而制约着个体的创造表现。解决的办法是通过揭示这一规律，引起相关领域的重视，从社会环境和教育教学领域开展基于价值观和理想信念熏陶的创造力品格教育。

二、大学生创造力品格整体水平表现

为全面把握创造力品格的具体要素观察值在被调查者表现上的整体特征，我们将创造力品格调查五分量表的数据进行描述性整理。从结果中我们可以看出，被调查大学生整体对自身相关品格要素的自我评价结果并不理想，呈现一定程度的品格弱势。（见表6-2）

表6-2　大学生创造力品格调查数据分布表

题　项	很不同意	不同意	一般	同意	非常同意	平均分
C1. 我富有爱心，是一个热心人	15 (0.48%)	48 (1.55%)	596 (19.22%)	1237 (39.89%)	1205 (38.86%)	4.15
C2. 我做某些事情前常要考虑别人会有何想法	14 (0.45%)	45 (1.45%)	441 (14.22%)	1335 (43.05%)	1266 (40.83%)	4.22
C3. 我具有同情心，能够理解别人，善于对别人的情绪做出反应	12 (0.39%)	35 (1.13%)	539 (17.38%)	1331 (42.92%)	1184 (38.18%)	4.17
C4. 我相信言行公正会产生或带来积极效应	23 (0.74%)	54 (1.74%)	569 (18.35%)	1119 (36.09%)	1336 (43.08%)	4.19
C5. 我有较广阔的视野，就事论事，较少考虑个人利害	30 (0.97%)	153 (4.93%)	1063 (34.28%)	1141 (36.79%)	714 (23.02%)	3.76
C6. 我在做正确的事情却遭遇不公时仍能坚持	42 (1.35%)	188 (6.06%)	937 (30.22%)	1121 (36.15%)	813 (26.22%)	3.80
C7. 我精力充沛、思路敏捷	20 (0.64%)	100 (3.22%)	930 (29.99%)	1178 (37.99%)	873 (28.15%)	3.90
C8. 我能迅速、灵活、正确地理解和解决事情	18 (0.58%)	103 (3.32%)	962 (31.02%)	1201 (38.73%)	817 (26.35%)	3.87
C9. 我像周围大多数人那样精明能干	21 (0.68%)	166 (5.35%)	1009 (32.54%)	1122 (36.18%)	783 (25.25%)	3.80
C10. 我相信自己会在艰难困苦中磨炼得更好	11 (0.35%)	54 (1.74%)	471 (15.19%)	1161 (37.44%)	1404 (45.28%)	4.26
C11. 我有强烈的把事情完成的情绪	10 (0.32%)	56 (1.81%)	560 (18.06%)	1116 (35.99%)	1359 (43.82%)	4.21
C12. 面对挫折和困难我不会退缩	12 (0.39%)	48 (1.55%)	740 (23.86%)	1282 (41.34%)	1019 (32.86%)	4.05
C13. 我尽可能地做到总是说实话	11 (0.35%)	45 (1.45%)	441 (14.22%)	1316 (42.44%)	1288 (41.53%)	4.23
C14. 我喜欢公开地、直截了当地表达思想和感情	38 (1.23%)	173 (5.58%)	782 (25.22%)	996 (32.12%)	1112 (35.86%)	3.96
C15. 承诺过的事情我一定要做到	7 (0.23%)	33 (1.06%)	457 (14.74%)	1258 (40.57%)	1346 (43.41%)	4.26
C16. 我会主动发现工作，有时也喜欢自己做主	13 (0.42%)	72 (2.32%)	732 (23.61%)	1264 (40.76%)	1020 (32.89%)	4.03
C17. 我总是尽力做得至少比别人所期望的要好一点	11 (0.35%)	49 (1.58%)	515 (16.61%)	1293 (41.70%)	1233 (39.76%)	4.19
C18. 对我来说，最重要的事情是对工作和同伴尽责	9 (0.29%)	55 (1.77%)	528 (17.03%)	1281 (41.31%)	1228 (39.60%)	4.18
C19. 我喜欢计划好自己的工作、学习和生活	33 (1.06%)	125 (4.03%)	848 (27.35%)	1104 (35.6%)	991 (31.96%)	3.93

题 项	很不 同意	不同意	一般	同意	非常 同意	平均分
C20. 我不会放任自己的情绪和情感过于激 动或者过于外露	32 (1.03%)	139 (4.48%)	678 (21.86%)	1142 (36.83%)	1110 (35.79%)	4.02
C21. 我喜欢将一切都弄得井然有序	21 (0.68%)	109 (3.51%)	707 (22.80%)	1144 (36.89%)	1120 (36.12%)	4.04
C22. 我能够与那些我认为做错事的人友好 相处	34 (1.1%)	130 (4.19%)	828 (26.70%)	1199 (38.66%)	910 (29.35%)	3.91
C23. 我可以心态平和地对待不同观点	19 (0.61%)	57 (1.84%)	696 (22.44%)	1304 (42.05%)	1025 (33.05%)	4.05
C24. 我是一个有民主风范的人，比如兼听 则明、偏信则暗……	16 (0.52%)	69 (2.23%)	723 (23.32%)	1261 (40.66%)	1032 (33.28%)	4.04
C25. 周围的人认为我是一个努力和勤奋的 人	40 (1.29%)	138 (4.45%)	830 (26.77%)	1179 (38.02%)	914 (29.47%)	3.90
C26. 我认为成功离不开汗水和付出	7 (0.23%)	37 (1.19%)	300 (9.67%)	1060 (34.18%)	1697 (54.72%)	4.42
C27. 我对生活有改造的意愿和能力	8 (0.26%)	50 (1.61%)	588 (18.96%)	1305 (42.08%)	1150 (37.08%)	4.14
C28. 我懂得感恩，也珍视和欣赏别人的付 出	8 (0.26%)	26 (0.84%)	317 (10.22%)	1231 (39.70%)	1519 (48.98%)	4.36
C29. 我对平凡的事物不觉得厌烦，对日常 生活永感新鲜	29 (0.94%)	118 (3.81%)	800 (25.8%)	1184 (38.18%)	970 (31.28%)	3.95
C30. 我了解并认识现实，持较为实际的人 生观	15 (0.48%)	45 (1.45%)	576 (18.57%)	1280 (41.28%)	1185 (38.21%)	4.15
C31. 我相信生活会更美好	13 (0.42%)	43 (1.39%)	376 (12.13%)	1148 (37.02%)	1521 (49.05%)	4.33
C32. 我积极乐观，有时富有幽默感	11 (0.35%)	60 (1.93%)	516 (16.64%)	1147 (36.99%)	1367 (44.08%)	4.23
C33. 我喜欢以自己独立的思维方式去思考 问题	8 (0.26%)	34 (1.10%)	560 (18.06%)	1277 (41.18%)	1222 (39.41%)	4.18
C34. 我认为服务精神是个体素质的重要构 成	13 (0.42%)	59 (1.90%)	572 (18.45%)	1303 (42.02%)	1154 (37.21%)	4.14
C35. 我能从服务别人和奉献社会的事情中 获得人生的意义	12 (0.39%)	60 (1.93%)	612 (19.74%)	1257 (40.54%)	1160 (37.41%)	4.13
C36. 我在参与了社会公益活动后会变得更 加成熟	21 (0.68%)	62 (2.00%)	499 (16.09%)	1198 (38.63%)	1321 (42.60%)	4.20

对于上述分属于创造力品格的 5 个维度下的 36 项品格要素的调查，整体而言，我们发现没有一个题项的均值超过 4.50，均值低于 4.00 的有 9 项，其余 27 项的均值介于 4.00 ~ 4.50。整体结果体现为相当的弱势，品格整体特征并不理

想。从品格教育的角度而言，尚有很大的空间需要提升，当引起品格教育相关领域的重视。

均值低于 4.00 的 9 项品格要素分别是："C4. 我相信言行公正会产生或带来积极效应""C5. 我有较广阔的视野，就事论事，较少考虑个人利害""C6. 我在做正确的事情却遭遇不公时仍能坚持""C7. 我精力充沛、思路敏捷""C8. 我能迅速、灵活、正确地理解和解决事情"和"C9. 我像周围大多数人那样精明能干"，几乎全部是"认知品格的优秀性"维度所包含的品格要素层面。前文在品格认同现状分析中已经申明，此维度是创造力品格对个体创造力表现相关性最强的一项，本次分析在前文认同不够的情况下，再次累加了该关键维度的达成水平并得出了不理想结果。可见，创造力品格的理论构建及其在教育中的探索与实践，在改善类似状况问题上是非常有必要的。

创造力品格的其他几个维度所包含的品格要素在调查中反馈的样本均值虽然勉强超过 4.00 的水平，但也是不容乐观的。只有创造力品格整体构成得到足够的理论重视和实践应用，才能在高校创新人才培养中发挥其应有的作用。

第三节　大学生创造力品格的差异性

一、不同背景变量的大学生的测量指标表现

性别表现差异：被调查大学生中，女生有 3 个指标的均值稍高于男生，而另外 2 个指标的均值稍低于男生。通过大学生性别分割数据进行统计比较后，我们发现，男生和女生在创造力品格的 5 个维度和创造力测试的 3 个指标上表现出一定的差别。女生在"生存品格的积极性""做事品格的执着性"和"合作品格的关爱性"等三个层面的指标均值都略高于男生，而在"认知品格的优秀性"和"节操品格的理智性"两个层面的指标均值略低于男生。可见，大学生的创造力品格在性别区分上面存在些许差异。（见表 6-3 和表 6-4）

表6-3 男生在主要测试维度上的表现数据

描述统计量 [a]					
维度	有效数	极小值	极大值	均值	标准差
生存品格的积极性均值	1833	1.00	5.00	4.1487	0.59466
认知品格的优秀性均值	1833	1.00	5.00	3.9017	0.68213
节操品格的理智性均值	1833	1.00	5.00	3.9995	0.66601
做事品格的执着性均值	1833	1.00	5.00	4.2171	0.55555
合作品格的关爱性均值	1833	1.00	5.00	4.1726	0.59081
创造性思维表现	1833	28.00	60.00	46.0993	6.02877
创造性倾向表现	1833	2.00	40.00	30.3208	7.39480
创造力总体表现	1833	38.00	100.00	76.4201	11.38394
有效的 N（列表状态）	1833	—	—	—	—
a. 性别 = 男					

表6-4 女生在主要测试维度上的表现数据

描述统计量 [a]					
维度	有效数	极小值	极大值	均值	标准差
生存品格的积极性均值	1268	2.10	5.00	4.2039	0.52597
认知品格的优秀性均值	1268	1.29	5.00	3.8335	0.62839
节操品格的理智性均值	1268	1.83	5.00	3.9416	0.64147
做事品格的执着性均值	1268	1.75	5.00	4.2233	0.52384
合作品格的关爱性均值	1268	1.40	5.00	4.2005	0.54153
创造性思维表现	1268	26.00	60.00	43.6009	6.04182
创造性倾向表现	1268	2.00	40.00	27.9748	7.78394
创造力总体表现	1268	36.00	100.00	71.5757	11.97233
有效的 N（列表状态）	1268	—	—	—	—
a. 性别 = 女					

　　学校档次差异表现为：被调查大学生中，部属高校大学生在对应指标上明显高于其他学校，民办高校大学生的指标稍高于省市属高校大学生。在用学校档次变量分割数据进行的描述性分析中，我们发现，部属院校的创造力品格5个指标和创造力3个指标皆高于另外三种类型的高校。而省市属公办院校和民办院校指标虽然比较接近，但结果观察值中有一点值得关注：民办院校大学生在创造力品格的5个维度指标上表现出的均值全部稍高于省市属公办院校的大学生。为什么会有这样的差别，是调研的误差还是有其他的原因，尚待进一步研究进行深入分析。限于篇幅，描述性分析结果见表6-5。

表6-5 不同层次高校大学生的测量指标均值差异对比

维度	部属高校均值	省市公办高校均值	民办高校均值	其他高校均值
生存品格的积极性均值	4.1761	4.1683	4.1797	4.1138
认知品格的优秀性均值	3.9268	3.8493	3.9032	3.7758
节操品格的理智性均值	4.0274	3.9503	4.0067	3.8974
做事品格的执着性均值	4.2321	4.2118	4.2311	4.2019
合作品格的关爱性均值	4.2008	4.1794	4.1890	4.1169
创造性思维表现	45.8241	44.9280	45.0535	43.4154
创造性倾向表现	30.2371	29.1399	29.3316	28.6769
创造力总体表现	76.0612	74.0680	74.3850	72.0923

学科背景表现差异可以概括为：被调查者中，艺术科和军事科的大学生在创造力品格各维度上的表现相对优于其他学科背景的大学生。（见表6-6）

表6-6 不同学科大学生的测量指标均值差异对比

维度	人文社科	理科	工科	医科	农科	军事科	艺术科	其他
生存品格的积极性均值	4.2023	4.1518	4.1636	4.1369	4.1517	4.1667	4.2794	4.1673
认知品格的优秀性均值	3.8341	3.9279	3.8547	3.8724	3.7488	4.2857	4.0518	3.8220
节操品格的理智性均值	3.9444	4.0046	3.9770	3.9660	3.9253	4.2778	4.0735	3.9278
做事品格的执着性均值	4.2138	4.2166	4.2192	4.2197	4.1207	4.2500	4.2794	4.2294
合作品格的关爱性均值	4.1895	4.1750	4.1873	4.1845	4.2276	4.3667	4.3333	4.1308
创造性思维表现	44.0395	45.5192	45.7127	44.8544	44.3448	46.6667	44.7255	43.9439
创造性倾向表现	28.5855	29.7188	29.6018	29.5922	29.8621	27.0000	30.5686	28.6231
创造力总体表现	72.6250	75.2380	75.3145	74.4466	74.2069	73.6667	75.2941	72.5670

在用学科分类变量分割数据进行描述性分析和比较过程中，我们发现，被调查大学生在"生存品格的积极性"维度的整体均值最高的背景学科是"艺术科"，其均值为4.2794；第二层次为"人文社科"，其均值为4.2023；第三层次为"其他科""军事科""工科""理科"和"农科"，其均值分别为4.1673、4.1667、4.1636、4.1518和4.1517，第三层次内部表现差异不大。可见，就被调查大学生的现状而言，在"生存品格的积极性"层面（乐观、感恩、奉献等要素），以艺术科和人文社科类大学生表现成绩明显。

在"认知品格的优秀性"维度，被调查大学生整体均值最高的背景学科是"军事科"，其整体均值为4.2857；其次为"艺术科"，其整体均值为4.0518；其余学科均值均低于4.00且差别不显著。可见，军事科的大学生在"认知品格的积极性"层面（正直、无私等要素）表现成绩明显。

在"节操品格的理智性"维度，被调查者整体均值最高的还是"军事科"，其整体均值为 4.2778；其次仍为"艺术科"，其整体均值为 4.0735；还有"理科"被调查大学生的均值也超过了 4.00，为 4.0046；其余学科均值均低于 4.00，且差别不显著。可见，军事科、艺术科及理科类的大学生在"节操品格的理智性"层面（自律、理性等要素）表现成绩明显。

在"做事品格的执着性"维度，被调查者整体均值都超过了 4.00，除"农科"的被调查大学生在该维度上的均值为 4.1207 外，其他学科被调查者的均值都在 4.20 以上，可见，该维度在大学生中获得的认同度较高。该维度均值中得分最高的是"艺术科"，其整体均值为 4.2794；其次为"军事科"，其整体均值为 4.2500；其余学科均值均在 4.21 左右，且差别不显著。可见，各学科大学生在"做事品格的执着性"层面表现都比较理想，其中艺术科和军事科类别的大学生更是表现出些许相对优势。

在"合作品格的关爱性"维度，被调查者整体均值都超过了 4.00，得分最高的是"军事科"，其整体均值为 4.3667；其次为"艺术科"，其整体均值为 4.3333；还有"农科"被调查大学生的均值也超过了 4.20，为 4.2276；其余学科均值均低于 4.20，且差别不显著。可见，军事科、艺术科及农科类别的大学生在"合作品格的关爱性"层面（关爱等要素）表现成绩明显。

从上述分析中我们可以发现，大学生创造力品格各维度在当下被调查大学生身上的表现特征可以概括为学科差异比较明显，其中军事科和艺术科类别的大学生在各维度中表现相对优于其他学科的大学生。部分学科的被调查大学生在"认知品格的优秀性"维度和"节操品格的理智性"维度表现偏低。传统的理工科和人文社科类大学生的创造力品格各维度尚需重视和提升。

二、创造力表现分组后的研究

根据创造力测试三个指标变量的分数分布，将每个指标变量分别转换为三个组别变量：高分组、中分组和低分组。

为使分组尽量均匀，我们按照取 30% 为临界值的方式分组，根据创造力思维测试、创造力倾向测试和创造力总体表现的分布，将被试大学生创造力得分的前 30% 划分为高分组，后 30% 为低分组，中间 40% 为中分组。因为我们的调查样本包含 3101 个观察值，所以 30% 的临界观察值应该是第 930 位（$3101 \times 30\% = 930.30$）。

根据临界位置是第 930 位被调查者数据的判读，我们将创造力总体表现进行排序，从而确定降序和升序排列时，第 930 位的临界值，也就是创造力总体表现的高分组和低分组的临界值，分别是 80 分和 68 分。（如图 6-5 所示）

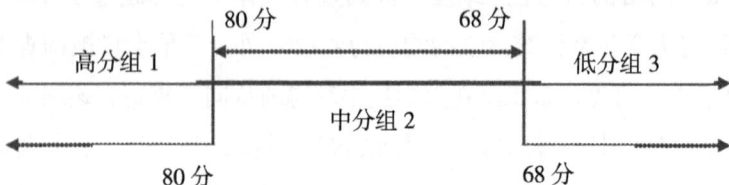

图 6-5　创造力总体表现高、中、低分组临界值示意

来源：本研究设计。

根据上述分组机理，使用 SPSS 20.0 软件创建分组变量。根据创造力总分分布，分为创造力高分组、创造力中分组和创造力低分组，以便进行进一步的分析。

表 6-7　创造力总体表现分组状态下的创造力品格表现分析

维度	高分组	中分组	低分组
生存品格的积极性均值	4.4056	4.1642	3.9244
认知品格的优秀性均值	4.2190	3.8456	3.5276
节操品格的理智性均值	4.2752	3.9287	3.6976
做事品格的执着性均值	4.4218	4.2274	3.9932
合作品格的关爱性均值	4.3891	4.1717	3.9740

从表 6-7 中数据我们可以看出，虽然创造力品格 5 个维度的指标均值随着样本创造力水平分组的变化表现出一定的同步相关性，但是每个分组下面也有一些表现较突出的指标值得我们关注。

创造力总体表现高分组的被调查大学生在创造力品格的"生存品格的积极性"维度和"做事品格的执着性"维度的均值要高于同一分组在其他维度的指标均值。而创造力测试表现为中分组和低分组的被调查大学生则在"认知品格的优秀性"维度和"节操品格的理智性"维度表现得稍低于其他维度的指标均值。

同样道理，可以将创造力测量中的两个分支变量，即创造性思维水平和创造性倾向表现的高、中、低分表现分组都建立起来，进一步分析。

创造性思维水平的高分组和低分组的临界值，同样按照 30% 的比例进行确定，其结果为 48 分和 42 分；创造性倾向表现的高分组和低分组的临界值为 34 分和 26 分，如图 6-6 和图 6-7 所示。

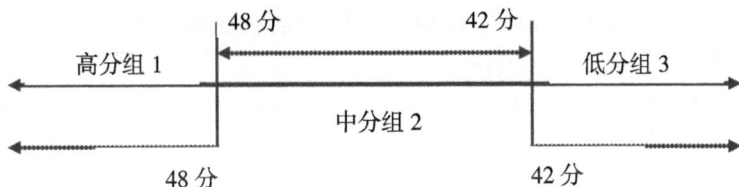

图 6-6　创造性思维成绩高、中、低分组临界值示意

来源：本研究设计。

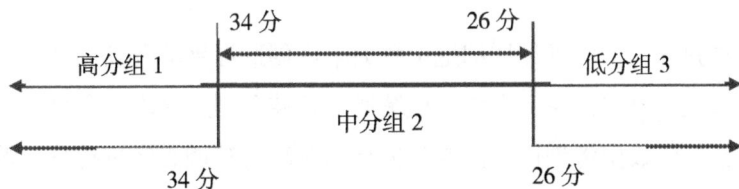

图 6-7　创造性倾向表现高、中、低分组临界值示意

来源：本研究设计。

通过对创造性思维表现分组和创造性倾向表现分组被调查大学生的品格指标的比较，我们发现，他们存在同创造力总体表现分组状态下相同的规律，那就是高、中、低分组的被调查大学生在创造力品格各指标上有规律地表现出同步相关性。具体到各分组的内部表现，都显示为"认知品格的优秀性"指标均值和"节操品格的理智性"指标均值明显低于其他指标的平均水平。围绕调查结果的进一步推理分析将会引导我们找出影响创造力品格发展的真正原因。（见表 6-8 和表 6-9）

表 6-8　创造性思维表现分组状态下的创造力品格分析

维度	高分组	中分组	低分组
生存品格的积极性均值	4.3371	4.1850	4.0159
认知品格的优秀性均值	4.1409	3.8460	3.6595
节操品格的理智性均值	4.2050	3.9689	3.7798
做事品格的执着性均值	4.3613	4.2436	4.0782
合作品格的关爱性均值	4.3307	4.1841	4.0552

表 6-9　创造性倾向表现分组状态下的创造力品格分析

维度	高分组	中分组	低分组
生存品格的积极性均值	4.3911	4.1816	3.9521
认知品格的优秀性均值	4.1963	3.8612	3.5730
节操品格的理智性均值	4.2454	3.9522	3.7340
做事品格的执着性均值	4.4136	4.2450	4.0145
合作品格的关爱性均值	4.3850	4.1712	4.0002

三、高创造力品格指标的创造领域分布探索

在正式调查中，为更加详细地了解大学生创造性兴趣及其领域，我们设计了两个复选题，分别关注已有创造成绩所在领域和创造兴趣将来可能立足的领域。通过已有的数据将创造力品格整体指标较高的被调查者进行分组选择，其数据反馈如图 6-8 所示。

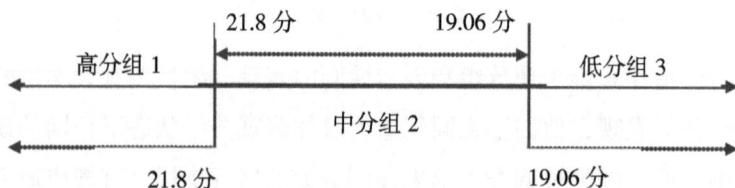

图 6-8　创造力品格表现高、中、低分组临界值示意

用创造力品格 5 个维度的均值之和作为衡量创造力品格整体表现的指标，通过分组，我们选取创造力品格整体表现高分组的 933 个被调查大学生，将他们的复选题数据进行分析，总结出如下的特点。

表6-10　高创造品格大学生已有创造成绩的分布情况

题　项		响应		个案百分比（%）
		有效数（个）	百分比（%）	
第43题 [a]	在学习上成绩表现突出	526	23.8	56.4
	在科技竞赛类活动中的成果突出	350	15.9	37.5
	在社会活动方面表现突出	567	25.7	60.8
	在文艺或体育类活动中成绩突出	432	19.6	46.3
	在游戏类活动中有优势	305	13.8	32.7
	其他	26	1.2	2.8
总　计		2206	100.0	236.4
a. 值为1时制表的二分组				

　　第一，从表6-10中数据可以看出，已有成绩中，被调查者更加认同其社会活动方面表现出的成绩，而学习成绩位列其次。创造力品格高分组大学生在对自己已体现出创造成绩的领域选择，排在第一位的是"在社会活动方面表现突出"，创造力品格高分组样本内共有60.8%的大学生选择了此项；其次是"在学习成绩上表现突出"，样本中共有56.4%的大学生选择了此项；排在第三位的是"在文艺或体育类活动中成绩突出"，此选项所占比例为46.3%。从上述数据可以看出，创造力品格高分组的大学生已经逐步开始突破传统创造观中重视专业学习的选择，将社会活动相关领域的素质放在首位，从相对熟悉的领域谋求个体多方面创造能力的发展。这一点同样可以从被调查大学生回答"对于自己的创造成绩可能会落脚于多元智能中的哪几个领域"的选择中进一步得到验证。

表6-11　高创造品格大学生创造取向的多元智能分布情况

题　项		响应		个案百分比（%）
		有效数（个）	百分比（%）	
第44题 [a]	语言文字智能	451	12.2	48.3
	数学逻辑智能	440	11.9	47.2
	空间视觉智能	476	12.8	51.0
	身体运动智能	336	9.1	36.0
	音乐旋律智能	317	8.5	34.0
	人际关系智能	526	14.2	56.4
	自我认知智能	555	15.0	59.5
	自然探索智能	257	6.9	27.5
	数码和信息智能	321	8.6	34.4
	其他智能	32	0.9	3.4
总　计		3711	100.0	397.7
a. 值为1时制表的二分组				

　　第二，从表6-11中数据可以看出，高创造品格大学生创造性成就的领域选择与现实专业选择呈现一定的冲突。被调查大学生将自己的创造成绩更多地投

向多元智能中认知和思辨类的智能领域。调查数据显示，被调查大学生认为自己所将取得的创造成就在不同多元智能中的分布是：选择概率最高的智能是"自我认知智能"，有59.5%的被调查高创造品格大学生选择了此项；其次是"人际关系智能"，认同概率为56.4%（一般来说，文学家、哲学家、心理学家、神学家、音乐家都是便于显现自己的自我认知智能的人；而教育家、心理医生、宗教领袖、政治家、推销员、经纪人等则更多显现出具有人际关系智能这方面的长处）。[①]；除此之外，认同度较高的智能类型还有"空间视觉智能"（51.7%）、"语言文字智能"（48.3%）和"数学逻辑智能"（47.2%）。上述智能中，我们发现，选择概率较高的前三项智能更多地体现为一种人文和社会科学取向；其次的三项中有一项"语言文字智能"也属于人文和社会科学取向，这似乎与现实大学生专业选择与专业发展中类似于以工科专业为最好选择的趋势所代表的"工具理性"倾向不符。仔细从历史的角度考察，人类文明发展进程中，从来不缺乏文明与思辨的研究。当今大学生，尤其是现行考核体系中的高分大学生现实专业选择中表现出的更倾向于良好物质回报的具有"工具理性"的专业选择，并不一定是其最原始的兴趣动力所在。我们基于相关研究，可以进一步发现高校创新人才输出不足的另外一个原因——专业取向中"工具理性"对生存品格的遮盖，使以"兴趣"为代表的创造原始动力衰减。

为进一步验证推测的合理性，我们分析了上述创造力品格高分组样本中933名大学生的学科背景。发现人文社科类专业比例仅为17.36%，而工科的比例达到了35.37%，另外，理科的比例达到了28.72%。（如图6-9所示）

---

① 在问卷的解释中，这两种智能的含义是：自我认知智能领域是一种深入自己内心世界、了解自己的感情生活、辨别自己的情绪变化、体验自己精神活动的能力，即建立准确而又真实的自我模式，并在实际生活中有效地运用这一模式的能力。由于这种智能的隐形性，如果观察者想探知的话，需要有来自语言、音乐或者其他显性智能的证据。一般来说，文学家、哲学家、心理学家、神学家、音乐家都是便于显现自我认知智能的人。人际关系智能领域就是理解他人的能力，教育家、心理医生、政治家、推销员、经纪人等具有这方面的长处。

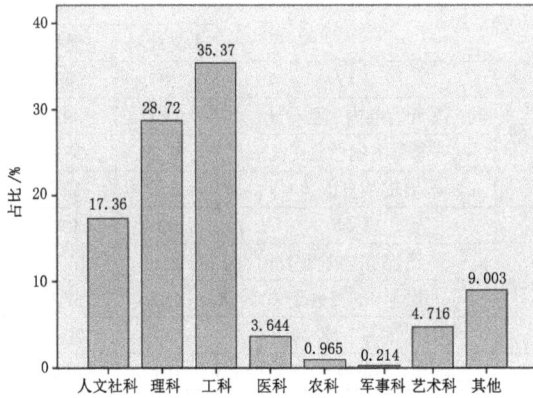

图6-9　创造力品格高分组学科背景分布

我们将高创造品格大学生的多元智能分布调查表中所涉及数据与其学科背景进行了交叉对比，结果见表6-12。

表6-12　创造力品格高分组学科背景与多元智能分布交叉情况

题　项			学科			总计
			人文社科	理科	工科	
第44题[a]	语言文字智能	人数	99	116	142	357
		同一多元智能内的百分比(%)	27.7	32.5	39.8	—
		同一学科内的百分比（%）	61.1	43.3	43.0	—
		总计的百分比（%）	13.0	15.3	18.7	47.0
	数学逻辑智能	人数	60	137	183	380
		同一多元智能内的百分比(%)	15.8	36.1	48.2	—
		同一学科内的百分比（%）	37.0	51.1	55.5	—
		总计的百分比（%）	7.9	18.0	24.1	50.0
	空间视觉智能	人数	81	137	172	390
		同一多元智能内的百分比(%)	20.8	35.1	44.1	—
		同一学科内的百分比（%）	50.0	51.1	52.1	—
		总计的百分比（%）	10.7	18.0	22.6	51.3
	身体运动智能	人数	39	109	116	264
		同一多元智能内的百分比(%)	14.8	41.3	43.9	—
		同一学科内的百分比（%）	24.1	40.7	35.2	—
		总计的百分比（%）	5.1	14.3	15.3	34.7

续 表

题 项			学科			总计
			人文社科	理科	工科	
第44题[a]	音乐旋律智能	人数	61	95	94	250
		同一多元智能内的百分比(%)	24.4	38.0	37.6	—
		同一学科内的百分比（%）	37.7	35.4	28.5	—
		总计的百分比（%）	8.0	12.5	12.4	32.9
	人际关系智能	人数	93	153	168	414
		同一多元智能内的百分比(%)	22.5	37.0	40.6	—
		同一学科内的百分比（%）	57.4	57.1	50.9	—
		总计的百分比（%）	12.2	20.1	22.1	54.5
	自我认知智能	人数	101	144	200	445
		同一多元智能内的百分比(%)	22.7	32.4	44.9	—
		同一学科内的百分比（%）	62.3	53	60.6	—
		总计的百分比（%）	13.3	18.9	26.3	58.6
	自然探索智能	人数	30	88	96	214
		同一多元智能内的百分比(%)	14.0	41.1	44.9	—
		同一学科内的百分比（%）	18.5	32.8	29.1	—
		总计的百分比（%）	3.9	11.6	12.6	28.2
	数码和信息智能	人数	38	100	140	278
		同一多元智能内的百分比(%)	13.7	36.0	50.4	—
		同一学科内的百分比（%）	23.5	37.3	42.4	—
		总计的百分比（%）	5.0	13.2	18.4	36.6
	其他智能	人数	2	11	5	18
		同一多元智能内的百分比(%)	11.1	61.1	27.8	—
		同一学科内的百分比（%）	1.2	4.1	1.5	—
		总计的百分比（%）	0.3	1.4	0.7	2.4
总计		计数	162	268	330	760
总计的百分比（%）			21.3	35.3	43.4	100.0	—

百分比和总计以响应者为基础
a. 值为1时制表的二分组

从表中对比结果可见，创造品格表现高分组所涉及的933名被调查大学生中，在学科背景中选择工科和理科的同时又认同相关人文和思辨类智能的比例为：在"自我认知智能"领域获得创造成就的选项上，理工科的认同比例之和达到了32.4%＋44.9%＝77.3%，即便是在本学科内部，喜欢或认同在"自我认知智能"领域获得创造成就的大学生也占了理科被调查者的53.7%和工科被调查者的60.6%，全都过半；另外在"人际关系智能"选项上也可以看出同样的规律，同一学科的大学生过半数的认同，且理科和工科大学生对该项智能的支持度之和达到了 77.6%；同样情况也发生在"语言文字智能"选项上。这样的结果进一步证实了我们对大学生学科专业与本身智能兴趣追求不同步的推测，推理出了创造力与创新品格表现不理想的原因之一。

第七章

立足品格提升创新人才培养水平的实践建议

为迎接知识经济和全球化竞争的挑战，加强对创造力研究的关注和进一步探索提升个体创造力的措施，已经在全世界范围内形成共识，各国都在加快脚步制定并执行提升创造力、增加创新成果甚至是提升创业成就等相关领域的教育措施，在这个过程中，中国自然也不甘落后。在当前时代背景下，教育中人才培养创新要想有所突破，必须从体现其社会责任及与时俱进的教育思维入手，加强创新人才培养过程中的人本主义理念和人文社会的思想开发，强化创造力品格价值理念的养成教育，为创造力和创新人才的培养提供可持续的影响及原始动力。

众所周知，培养和发展学生的创造力本来就是教育的核心目标之一，但长期以来，持传统思想的教师和教育管理者往往会在这个问题上持相对谨慎的态度，他们觉得大学生教育更应该把重心放在知识和技能传递上面。基于这样的指导思想，大多数大学老师和教育管理人员在学生创造力培养相关问题上长存困惑。虽然近几年，随着国家发展过程中对创新及其人才培养的渴求，基于社会和时代要求的创新和创造能力培养已引起高等教育领域的重视，但再好的思想表达和再强的观念重视，如果缺乏具体的可资借鉴的理论依据和实践措施，就不能转化为实际行动，只能算是画饼充饥或者说是空中楼阁。从这个意义上说，提升创新人才培养水平，体现于高等教育中，究竟该如何做，尚需总结出明晰的可操作性建议。基于此，按照创造力相关影响因素理论，明确建构高等教育中创造力培养的方法与制度势在必行。本部分内容中，我们将依据实证研究结论的支持，探索和建构基于创造力品格影响视角的高校创造性人才培养策略。

合乎社会需要和时代期许的创新与创造，必然是要体现一定的社会价值的。众所周知，创新人才，首先必须有创造力，而创造力要想产生社会期许的价值，必然要遵循一定的社会价值规则，这种规则最终要体现在大学生的品格教育及其品格特征中。经由实证研究，我们将这些品格要素从诸多要素中总结出来，并进一步形成概念模型。接下来，本研究的重点在于如何让创造力品格影响因素在创造力培养策略中更好地发挥其影响力。考察国外相关或相近领域的做法，总结经验，并进一步通过对以创造力品格影响因素进行干预，提升大学生创造能力表现及成绩，由此，建构适用于中国高等教育的创造力品格教育策略。

第一节 国外创造力品格培养的主要案例与借鉴意义

前文已经提及，创新与创造是一个世界性的话题，在国际范围内引发广泛关注，如何在教育中进一步提升创新与创造能力的培养，西方国家也经历过长期的探索甚至是大刀阔斧的教育改革，个体的非智力因素在这个过程中得到了一定程度的重视，其中就包括品格教育及道德认知等理论与实践的应用。

在西方，亚里士多德最早较为全面地研究了品格及德性的问题，他认为："一切德性，只要某物以它为德性，它就不但要使该物状况良好，并且要给予该物以优秀的功能。例如，眼睛的德性(意味着视力敏锐)，就不但要使双目明亮，还要让它功能良好。马的德性也是这样，它要使马成为一匹良马。"这种使人或物状况（或功能）良好的思想，应该是西方创造力品格教育的典型特征。

一、重视文化艺术熏陶，养成"天才"的认知品格

近代以来，尤其是在以二次工业革命为时代背景的社会阶段，以美国为代表的大多数西方国家的高等教育中，以物理学等科学类学科为重心的科学技术教育理念盛行，这种理念在技术工业领域带来了强烈的刺激，产生了突飞猛进的创造力和创新成果，在社会思潮和教育理念中进一步产生驱动效应，其引发

的以科学为核心的教育思想社会浪潮在第二次世界大战后 10 年左右的时间里达到了顶峰，其后便开始反思，偏重科学而忽视人文与艺术类的思想和素养的教育是急功近利的，必然缺乏长期的或者说可持续的创造、创新能力。

当代美国教育理念认为：创新意识和创新人格主要是在宽松、丰富而陶冶性情的学科和环境中熏陶出来的，创造、创新能力虽然离不开扎实而广博的科学知识，也离不开基于人文艺术感性与直觉思维的活跃。美国大学在课程体系安排上重视发散思维，通过文理教学内容的互补和学科边界的交叉融合，增加思维的突破性，强调文学艺术类学科在整个教学体系和内容结构综合组成上的重要性。综合而平衡的学科结构为培养创造力品格和进一步输出创新人才提供了肥沃的土壤。

"零点计划"案例——文化与艺术教育在创新人才培养中的凸显

在重视人文艺术素质教育方面，就美国经验而言，当以"零点计划"（Project Zero，也称"零点项目"）最具有代表性。

而"零点计划"的时代背景与我们所探讨的创造、创新能力这条核心主线也颇有渊源。通过历史学习，大家都知道，苏联第一颗原子弹是 1949 年试验成功的，整整落后美国 4 年（美国是在 1945 年）。但是在 1957 年，苏联成为世界上第一个把人造卫星送上天的国家，显示了苏联领先的教育水平和国家创新能力。而美国在 1958 年成功发射了第一颗人造卫星，这样的结果对比，让一直以来在各个领域中以其雄心和实力引领世界的美国备受刺激：原本认为许多顶尖的科学创造与创新都应首先在美国产生，但是这回却让苏联占了上风。于是，美国各方面都追究症结所在，他们首先指责教育界，说美国的教育部门肯定出了问题。于是，美国教育部门开始反省，其中，反思的结果中引起较多认同的是哈佛大学的"零点计划"，学者们对相关问题展开研究并探索美国教育的应对策略。

他们在研究中发现：19 世纪到 20 世纪，苏联出现了一大批世界级的杰出文学家、艺术家。文学家有列夫·托尔斯泰、屠格涅夫、车尔尼雪夫斯基、契诃夫、冈察洛夫、普希金、莱蒙托夫、陀思妥耶夫斯基等；音乐家有里姆斯基－科萨科夫、鲍罗丁、穆索尔斯基、格林卡、柴可夫斯基、鲁宾斯坦、普罗科菲耶夫等；美术家有列宾、舒里柯夫、雅罗申柯、别洛夫、克拉姆斯科依、列维坦、谢洛夫等。而美国只有德莱赛和杰克·伦敦等少数作家，音乐家虽然也有拉赫玛尼洛夫、斯特拉汶斯基等国际著名大师，但是一查其出身，竟都来自俄罗斯。这样的文化艺术背景决定了苏联人的文化艺术素质方面超过了美国人。这是否决定了美国的科学技术落后于苏联呢？美苏两国文化艺术差异到底产生了哪些影响？对于美苏科学技术竞争，社会创造有哪些间接作用？——这其实就是"零点计划"研究的真实目标。而选择用"零"命名，表示他们自评本国教育对文化艺术素质教育的空白，同时也意味着"一切从头开始"。

"零点计划"项目研究历时 20 多年，哈佛的学者一直在检验着他们的研究结论：美国的科学教育是先进的，但艺术教育相对落后，也即两国科技人员不同文化艺术素质导致了美国空间技术的落后。该研究项目投入了上亿美元，参加工作的科学家超过了百名，在哈佛大学的规模远远超过了一个课题组，甚至超过了一个系。他们在 100 多个公立和私立的学校做实验，有的从幼儿园起连续进行 20 年的追踪对比。到目前为止已出版了几十本专著、上千篇论文。

在"零点计划"本身及其研究结论的推动下，美国不仅在中小学加强艺术教育，而且从 20 世纪 70 年代开始，在多所大学对本科生进行艺术审美教育。相关数据显示，目前超过 70% 的美国高校设立艺术学或音乐系，甚至艺术学院或者音乐学院。大学生课程安排上也有对应要求，如麻省理工学院规定学生除 9 个科目的科学课程外，还必须修完 8 个科目的人文、艺术、社会科学（HASS）的学分。1994 年 3 月，美国国会通过了克林顿政府提出的《2000 年目标：美国教育法》，在美国历史上开始将艺术与数学、历史、语言、自然科学并列为基础教育核心学科，即中学主科和大学必修科目。[①]

恰逢这一教育背景的乔布斯，在人文艺术与科学并重的创造力品格建构上，自然是一个非常有代表性的案例。

乔布斯——"人文、艺术、科学有机结合"的成功典范

乔布斯告诉传记作者说，自己就是信奉"人文、艺术、科学有机结合"的成功典范。

---

① 梁富华. 美国教育"零点项目"把人文艺术作为主科 [EB/OL].（2007-6-12）[2020-7-14].http://hi.baidu.com/happymass/item/94f8de0454aee838f2eafc7f.

IBM、微软、苹果、Google、Facebook 等不同时期不同类型的创新组织的先后涌现，或多或少都可以算作"零点计划"后美国教育策略和教育氛围改革结出的硕果。而苹果公司的联合创办人乔布斯当是其中最具代表性的创新天才，他成立苹果公司，伴随苹果公司数十年的起落与复兴，先后领导和推出了麦金塔计算机、iMac、iPod、iPhone、iPad 等风靡全球亿万人的电子产品，深刻地改变了现代通信、娱乐乃至生活的方式，他被多数人称作"改变世界的天才"。

然而，2005 年 6 月，乔布斯在斯坦福大学的毕业典礼上做了题为"Stay Hungry, Stay Foolish"（求知若饥，虚心若愚）的演讲。在谈到自己人生中的点点滴滴时，他将取得成绩更多地归因于他在大学旁听时所受到的艺术熏陶。他在演讲中是这样表述的：

"……当时里德学院有着大概是全国最好的书写教育。校园内的每一张海报上，每个抽屉的标签上，都是美丽的手写字。我学了 serif 与 sanserif 字体，学到在不同字母组合间变更字间距，学到活字印刷伟大的地方。书写的美好、历史感与艺术感是科学所无法掌握的，我觉得这很迷人。我没预期过学这些东西能在我生活中起些什么实际作用，不过 10 年后，当我在设计第一台麦金塔时，我想起了当时所学的东西，所以把这些东西都设计进了麦金塔里，这是第一台能印刷出漂亮东西的计算机。如果我没沉溺于那样一门课里，麦金塔可能就不会有多重字体跟等比例间距字体了。又因为 Windows 抄袭了麦金塔的使用方式，因此，如果当年我没有休学，没有去上那门书写课，大概所有的个人计算机都不会有这些东西，印不出现在我们看到的漂亮的字来了。当然，当我还在大学里时，不可能把这些点点滴滴预先串联在一起，但在 10 年后的今天回顾，一切就显得非常清楚。"[1]

二、美国品格教育策略演变凸显人才培养中德性价值导向的重要性

品格教育以德性价值观培育为特征的传统，在西方可以追溯到古希腊时期，早期品格概念的外延体现为围绕正义思想而展开的思辨，究其本质大都是关于"德性"问题。品格教育在西方经由苏格拉底、柏拉图和亚里士多德等三代学者的演进，其思想由自然存在进一步抽象为理性价值，成为伦理学的核心内容。

① 乔布斯. 2005 年斯坦福大学毕业典礼上的演讲 [EB/OL]. （2005-8-10）[2020-10-15] http://www.douban.com/note/35685440/.

古希腊时期的品格教育一切以培养美德或品格为目的，不拘泥于教育的模式。今天，从更广泛意义上所讲的品格教育除了包含传统德性品格教育外，也会指基于公民教育、宗教教育、自由主义等立场的个体要素培养。我们所研究的服务于创新人才培养意义上的品格教育，大多数思想源自 20 世纪 80—90 年代美国的"新品格教育运动"。对于创造性人才的品格而言，按照亚里士多德所界定的"品格是使人或物的状况良好"的特性或特质，那么创造力品格就是那些使个体创造潜力发挥得更好的个体特质。同理可以推出，创造力品格教育，就是品格教育中围绕使个体创造力凸显的价值导向和德性特质培养行为。

现代社会围绕德性教化而开展的教育案例以美国品格教育运动最具代表性，尤其是其教育策略的演进，对我们探索创造力品格教育的策略具有重要的借鉴意义。

第一，在早期阶段，传统品格教育策略是直接进入教学体系的，纪律约束与教师榜样是当时品格教育的主要方法。

美国的教育机构在创立之初，具有浓厚的宗教色彩，把德性的内容直接融入传统的教学课程中，在基本教材里都内在包含着品格的要素。秦爱福在《人格教育刻不容缓》一文中提到："在 19 世纪时，学生们通过抄写哲言警句来学习写字，诸如'勤劳者无暇作恶''勤奋赢得赞美''公正乃人人之权利'，等等。学生在抄写时就默记了内容，于是这些道德格言就自然而然地融入他们的思想之中。"① 当时社会思想在教育中的体现是知识与德性或品格并重。

第二，在品格教育消沉时期，品格教育的策略及效用趋向于"无为"。

20 世纪 40—60 年代，基于美苏争霸的科技竞争背景，在科学与技术课程的冲击下，代表优秀品格的德性价值导向品格教育逐渐淡出美国的学校，尤其是公立学校，仅有的具有人格教育相关的内容主张价值无善无恶，创新人才教育的使命和道德价值渐趋脱节，传统的价值体系开始明显削弱，道德相对主义理论② 获得了极大发展。在这种趋势下，大部分公立学校取消了品格教育相关

---

① 秦爱福. 人格教育刻不容缓 [EB/OL]. （2012-10-3）[2020-11-10] http://www.360doc.com/content/10/1020/22/1481637_62594372.shtml.

② 道德相对主义认为道德或伦理并不反映客观或普遍的道德真理，而主张社会、文化、历史或个人境遇的相对主义。道德相对主义者坚持认为不存在评价伦理道德的普遍标准，认为道德价值只适用于特定文化边界内，或者个人选择的前后关系。

的课程，知识教育中更侧重于科学与实证的教学法研究。"一个刚入学的聪明儿童，越来越不被看作一个未来的诗人、画家、音乐家、文学家、评论家、哲学家、小说家，甚至是政治家。人们首先想到的是把他培养成为物理学家、技师、工程师——一个工艺技术王国里的预言家和牧师。"部分学校仅存的品格教育，也因道德相对主义思想和价值澄清论的盛行而收效甚微。"在人造卫星和计算机中间，品格被遗失了"，学校的品格教育步入了消沉时期。

价值观澄清教育、道德认知发展理论及以其他各种面貌出现的无导向教育方法就是这个时期品格教育的代表，其典型特征是不进行价值判断，具体指导思想为："价值观是多元的、变化的，没有公认正确的价值观，人们应该尊重每一个人的价值观，因而价值观是不可教的。"这种无导向教育方法在美国曾风行多年。最典型的品格教育策略是品格的自我建构和个体道德的认知体验。这两种策略虽然兴起于道德相对主义的背景时代，由于其肯定了个体在品格形成过程中的主导价值，对当下的品格教育仍然有积极的指导意义。

20世纪70年代以后，由于美国全国性的道德危机日趋严重，引起了民众和政府的反思：教育系统忽视了教育中的价值导向和德性教化是否是造成年轻人价值方向严重迷失的直接原因呢？这种思考直接促生了其后轰轰烈烈的"新品格教育运动"（Charaeter Education Movement）。

第三，"新品格教育运动"时期，以德性价值观为导向，凸显积极的心态与健全的品格教育。

新品格教育的策略不仅包含以灌输法、行为训练法、示范法、故事法和奖惩法等为代表的传统品格教育方法，还进一步结合社会发展充实现代品格教育理念，包括：合作学习、班会讨论策略、解决冲突训练、社会服务学习、道德反省、建立关系社区等方法。这些方法在实际教育应用中可以为中国创新人才培养提供借鉴，如示范法、故事法、道德讨论、纪律与奖惩、合作学习等。其主要载体是文学和艺术熏陶、示范效应和实践养成。

美国品格教育的演变进一步说明了在当代中国社会，面对社会性道德危机（也有人称之为"滑坡"），应传统文明的价值惯性和社会发展的需求，在政府主导、家庭和社会积极支持与参与下，学校回归品格教育，尤其是当下中国，在消沉期之后，高校在德性价值观教育中的积极回归是创新人才培养中的必然选择。

三、基于创造实践的品格养成教育模式是个不错的选择

从已有研究数据中我们发现，当代美国的人才构成与 20 世纪下半叶相比，具有下述特点：在美国创新人才构成中有大量的外籍或外裔人士从事产品创新研发，也有大量基层工作人员系外来人口，而美国本土学生本身并不特别热衷于读理工学科。那么美国教育中怎样通过教育策略来使人才培养实现科学与文化艺术素质的综合发展呢？通过实践创造行为或探索解决冲突性的问题而获得创造性的习惯与个性特征，是为在实践中养成创造力品格。托马斯·里克纳说："品格教育的指导原则可回溯到亚里士多德的观点，即德性不但是思想而已，而是我们通过实践德性的行为而获得的习惯。"[1]

麻省理工学院的"大学生研究计划"（Undergraduate Research Opportunities Program，简称 UROP，下同），这是在大学里开展创造力培养和开发教育的典型案例，后在加州理工大学等美国高校得到进一步推广。该计划是支持师生间的交流与合作，以培养大学生的创造、创新能力，鼓励大学生成为教师的科研助手。该计划在创造力品格教育中的特色是：主要通过教师的示范效应，引导学生进入积极探索解决问题方法的价值诉求中。该计划始于 1969 年，由物理学家麦克维卡（Mac Vicar）和当时的教务长发起，得到了高速摄影术的发明者埃德温（Edwin）的大力支持，他坚信，通过动手实践的学习是十分重要的。

"大学生研究计划"是个实践养成过程，既能锻炼解决问题的能力，又能养成解决问题的品格。通过 UROP，学生可以参与科研活动的每个环节：提出一项研究计划、提出申请报告、开展研究活动、分析数据和以口头及书面的方式阐述研究结果。学生会在参与的过程中根据所受影响做出对应的价值判断和取向选择。大学生研究计划可以在学期或暑期的任何时间开始，可以在各系或跨学科的实验室中进行。参与大学生研究计划的学生可以获得学分并获得一定的报酬。每项大学生研究计划可持续一个学期、一个连续的学年或更长一段时间。

借鉴意义是：学生选择 UROP 项目的过程，是认识教师和了解他们主要的研究领域，研究一个感兴趣的领域，获得实践技能和一定的科研知识，发现他

---

[1] Thomas Lickona. Educating for Character：The School's Highest Calling [J]. In Georgia Humanities Lecture, 1997:3.

们自己所喜欢的研究项目等的过程，也是直接的价值观传输和品格教育的过程。

四、国外品格教育案例对创造力品格教育的启发

确立品格教育价值导向体系，让学校成为一个系统的充满关怀的生活社群和习惯养成基地。鉴于国外品格教育的发展带来的丰富经验与教训，中国高校对品格教育尤其是其中创造性要素的培养的研究，应该从单纯地增加相应要素的教育活动，转向系统地阐述和探讨高质量的创造性品格教育研究。因此，构建一套系统的指导思想体系是必要的。指导思想中应该包含如下内容：第一，确立以核心品格要素作为该项教育的基础。在创造力品格培养上，要以核心的 5 个维度及其代表品格要素为核心创造力品格，作为创新人才培养在品格教育层面的基础价值和基本内容；第二，运用综合的理念培养品格。在创造力品格培养上不能有狭隘的指导思想，知识学习、思维锻炼、情感养成和行为习惯养成等应综合培养，以养成优秀的创造力品格；第三，建设学校的关怀能力，工具理性使人际冷漠，培养创造的人性，首先要让学校的环境充满关爱，成为信息社会最充满关怀的社群；第四，要给予学生道德判断和道德选择的实践锻炼；第五，品格教育的指标要适度高于社会一般标准，富有挑战性，教育指标的设定应该符合教育学原理，设得太高令学生敬而远之，太低也会使之失去魅力，最好的标准就是"跳一跳，摘桃子"式的教育目标；第六，创造力品格教育从内在动机发展出发，内在动机是创造的原动力，外在动机相对次之，但遗憾的是，现在学生受教育过程中的主导动力往往停留于外在动机；第七，创造力品格教育中体现优秀品格的领导效应；第八，品格培养的过程，是家庭、社会和学校合力的过程，学校中同样涉及领导、教师、职员、工勤人员等工作人员在工作品格和职业伦理上对大学生的影响，这些在品格教育系统理念构建中都值得重视。

有效的创造力品格培养路径体现在如下方面：第一，尊重学生在品格养成上的主体性，在尊重与关爱的基础上，进一步给予学生发挥其影响力的机会，以优秀的品格和创造倾向来影响学校；第二，积极的角色榜样效果在美国品格教育中被证明是有效的；第三，提供学生思考、争论、选择及合作的机会，促进学生品格发展的另一个重要因素是使学生学会把握社会和道德问题；第四，

明确对应的使命与理想，让大学生具备使命与理想的重要前提是大学也应有其使命标准，在学生和老师共同为之奋斗的过程中形成学生良好的品格和使命导向。

通过国外品格教育的案例及其经验分析，我们将上面的两个结论汇总起来就是，创造力品格为核心的价值观教育不能演变为简单的说教，应该成为一种社群的参与与体验教育，创造性的行为习惯、思维模式和个性倾向不是教条，而是经验与价值观传承。

第二节　国内创造力品格培养的理论及案例分析

品格教育，原本就是中西方传统文明中最关键的一个环节。在中国，这种思想趋势可以上溯到春秋时期，以儒家思想为代表的诸子百家的观点中，都涉及品格教育与品格修养。春秋之后，随着封建社会正统思想在教化中的不断充实与完善，品格教育作为意识形态的内容得到不断的强化。正是因为其作为封建正统思想的牢固地位，传统品格教育在发展的过程中，在一定程度上禁锢了人性和美德，僵化了价值与理想，产生了一定程度阻碍了创造力发展的负面作用。

创造力品格作为一个新提出的概念，是个体品格要素中积极层面的一种表现，它植根于中国传统文化中的价值追求和人伦素养内容中，有着深厚的传统文化底蕴，同时着眼于发展的视角，凸显德性的价值。当代中国社会的品格建设，更要体现时代特色和创新诉求，把杰出创新人才的品格表现当作研究案例，从中发现具有共性的品格教育内容。

通过对国内传统文化和优秀案例进行分析，我们得到了三点启示。

一、中国传统品格文化底蕴带来的启示——朴素价值与身心修养

品格教育的传统厚重，不仅有西方的文化背景，更具有朴素且深厚的东方文化底蕴。传统品格文化中的朴素价值诉求在中国传统文化和哲学智慧中被广为推崇。在以"儒""道""法"等为代表的先秦思想流派及其追随者的思想中皆

有涉及，其中道家的朴素品格思想最具代表性。以朴素价值观为导向，人性参照天性，敬天悯人，合天、地、人三事为一事，传统品格文化遵循一定的朴素原则并凸显其价值对应的目标。

长期以来，以儒家思想为代表的中国传统教育理念都非常重视人身修养和品格教育。重人伦、强礼仪、讲修身、育品格是其最典型表现。从孔子的"仁"、孟子的"气"、董仲舒的"明义正道"，到朱熹时系统总结出的"五教""五序""三到"[①]，主体内容构成上都是在强调教育中对人伦及品格的教育与修养。不同的是，其所倡导的价值教育和身心修养层面对个体发展的主体性要求不同。当某些道德原则和价值信条被无限地拔高后，反而会成为禁锢人们创造力的因素。

被奉为传统儒学经典"四书"之一的《大学》，较客观地引领了品格教育的目标和策略。在其开篇就指出："大学之道，在明明德，在新民，在止于至善。"开篇就阐明了传统儒家主张的"大学"之纲领，而在其后的《大学》八条目——"格物""致知""诚意""正心""修身""齐家""治国""平天下"则表达的是"大学"实现上述纲领的途径或者我们称之为教育的策略和内容。用现在的表达方式来说，是培养创新人才的途径。在所述八个条目中，"修身"是根本的一条，"自天子以至于庶人，壹是皆以修身为本"。全文分别解释"明明德""亲（新）民""止于至善""本（末）""格物""致知""诚意""正心""修身""齐家""治国""平天下"。"明明德"是指弘扬光明正大的品德。"亲（新）民"是指让人们革旧图新。"止于至善"是指要达到最好的境界。"本（末）"是指做事要分清主次，抓住根本。"格物""致知"是指穷究事物的原理来获得知识。"诚意"就是"勿自欺"，不要"掩其不善而著其善"。"正心"就是端正自己的心思。"修身"就是加强自身修养，提高自身素质。"齐家"就是管理好自己的家庭、家族。"治国""平天下"是谈治理国家的事。怎样治理国家呢？首先要做表率，自己讨厌的，不加给别人；要得众、慎得、生财、举贤。"得众则得国，失众则

---

① 五教，原指"（1）父义（2）母慈（3）兄友（4）弟恭（5）子孝五种伦理道德的教育"，后来朱熹《白鹿洞书院揭示》表达为："父子有亲、君臣有义、夫妇有别、长幼有序、朋友有信，右五教之目。"五序，是指"学问思辨行"，具体而言是"博学之，审问之，慎思之，明辨之，笃行之"。三要，指读书或做事有三到：心到、眼到、口到。三到之中，心到急迫、最要紧。心既然已经到了，眼和口难道会不到吗？

失国";"有德此有人,有人此有土,有土此有财";"见贤能举,举而能先"。《大学》寄托了古人内圣外王的理想和教育宗旨,同时也阐述了教育为实现这个理想在品格教育层面所应进行的步骤。

在当下社会,《大学》一文所倡导的理念同样适用,一个受过高等教育后走出学校的创新人才,一个踌躇满志步入社会的年轻人,不只是未来的科学家、工程师、艺术家、政治家等,更应当是一个有爱心、美德、良知等健康品格的人。

二、国内高校开展的"SRT计划"——重视创造力品格在实践中的养成

"SRTP"是Students Research Training Program(大学生科研训练计划)的简称,也有一些学校将其称为"SRT计划"或者"大学生研究训练计划"。它是国内高校受美国"UROP计划"(大学生研究机会计划)影响而开设的大学生创造力及相关个体特质养成实践计划。

清华大学借鉴"UROP计划",首先在国内开始进行类似试验和改革,从1996年开始创建并实施"SRT计划"。目前已经有包括浙江大学在内的众多国内高校开展了"SRT计划"。"SRT计划"的形式是在教师指导下,以学生为主体开展课外科学研究活动。参加对象主要为本科生。"SRT计划"实行导师和学生双向选择,学生可以根据自己的情况选择项目。与课堂教学相比,"SRT计划"项目中涉及的知识领域更广泛。在这个过程中能充分发挥学生的独立工作能力和能动性,培养学生独立思考和敢于怀疑的批判精神。学生能做到"以我为主",进行调查研究、查阅文献、分析论证、制订方案、设计或实验、分析总结等方面的独立能力训练,导师则发挥其主导作用。完成"SRT计划"的学生可以获得相应的学分和成绩,其中达到一定水平的还可以取代其相关的课程设计乃至毕业设计。

清华大学"SRT计划"是根据国内高等教育的经济、科技现状及学校办学能力等具体国情而设计,并持续跟踪和吸收世界一流大学相似计划的成功做法和经验。具有以下特点:

第一,以服务于创新人才培养为首要指标。清华大学"SRT计划"要求:项目必须细化,使项目的各个环节都能体现培养大学生创新能力和创新个体特质

的具体明确思路。

第二，指导教师要富有创新品格与创新精神。"SRT 计划"的具体目标之一就是营造师生之间教学相长的更为亲密的学术研究小团体氛围。在这个小团体中，指导教师的作用是激发创造的火花，培养和发展团队精神。要求指导教师本人应该富有创新精神，不墨守成规；应该勤奋学习，了解学科的最前沿；应该从事研究和开发工作或工程设计、制造工作；应该富有奉献精神、民主作风，热心培养学生。

第三，培养模式的开放性，有助于塑造人才的开放特质。为使创造性个体特质的培养跟上时代与高等教育办学体制改革的需要，"SRT 计划"要体现产、学、研的合作，要向社会团体、企业界开放。只有这样，计划的项目来源、经费来源才能多样化。"SRT 计划"指导工作组也要吸引校外人员的参与，共同监督"SRT 计划"的实施，促进项目质量不断提高。

国内其他高校的"SRT 计划"，也是根据本地域和学校的办学特点进行相宜的设计，体现出重视在实践中养成创造者能力与习惯的培养思路，为创新人才在实践中养成能力与品格的研究提供了有益的启发。

三、重视发掘高校在创造力品格养成中的内隐因素

我们选取一个为创造事业奋斗终身的大学生成长故事的案例，来分析和说明传统高等教育在大学生品格教育中的隐性内容支持，在该案例中体现为"坚守""团队精神""纯粹""感恩"和"内敛"等。

案例间接取自 2012 年 11 月《中国青年报》记者的采访报道，涉及北京某大学，通过相关老师的回忆和转述还原案例。在此案例中，本研究和当时报道的记者试图发掘的内容是共同的，那就是探寻一名创新人才基于大学对其创造力品格的影响轨迹。本案例中基于间接资料列出了以罗某为代表的创造性人才所具备的创造力品格特质及大学在某些特质上的影响。

罗某，中国军工研发与管理领域中优秀创新开发员与管理者代表。

本研究节选了《中国青年报》记者的访谈片段，通过郑教授回忆罗某的大学时代，总结了以其为代表的这一批科研工作者的共同品格，进一步说明品格及其在传统中国大学中的隐性存在和对主体一生创造成绩的持续影响。

基因一：坚守（做事品格的执着性）

1978级学生是在振兴中华、实现四化的理想中成长的。大学时，即使在除夕晚上，罗某与班里的学习委员等都不回家，坚守在教室里复习功课。郑教授说到这儿问了一句："现在的大年三十还有谁能在教室学习吗？"

1982年，罗某大学毕业，正赶上国家集中精力搞经济建设，大裁军，军费减少，军工行业不景气。20世纪90年代，军民并举，发展民品，军工的日子不好过，很多人忙着跳槽，但他坚守在某军工所，一干就是20年！

罗某当了一把手，为几个重大项目的研发呕心沥血，面对西方的技术封锁，他坚守着，把巨大的压力全部转化成攻关的动力。

郑教授总结，谁能说罗某后面的三个坚守，不是在大学期间第一个坚守的延续和发扬呢？

基因二：团队精神（合作品格的关爱性）

班里有30个同学，其中一个黄姓同学得了某种传染性的疑难病，住院了。罗某和他的同学自发组织，两个人一组，一组半天去医院陪护。在进病房之前，为预防传染，每个同学都要吃一片拇指盖大的白药片。罗某最积极，一周排了3次班。

郑教授认为，对黄同学的看护，就是对这些学生如何关爱他人、如何组织协调、如何坚守的一种锻炼。

这些同学是恢复高考后第二届大学生，班里同学年龄跨度很大，最大的31岁，最小的就是17岁的罗某。郑教授经常能看见罗某与同学在"争吵"，其实他们是在讨论问题。学问学问，除了"学"就是要"问"。

"那是个朝气蓬勃、积极向上、充满温暖的班集体。"郑教授回忆，他们所在班的排球队打遍学校无敌手。罗某并不是主攻手，但对组织比赛非常热衷，经常研究队里的战术，同时忙着张罗越野赛、篮球赛。这对他的能力是一种锻炼。

郑教授总结并呼吁："我们的本科生、我们的研究生，要用最大的努力，维护好班风，维护好团队，这对你们的未来有极大的好处！"

基因三：纯粹（认知品格的优秀性）

罗某17岁入大学，是班里的小弟弟，既非党员也非学生骨干。那时他在班里担任体育委员，身体好，学习棒。工作多年后，他又回到母校攻读可靠性设计专业的研究生。

罗某是单纯、纯粹的人。"不吸烟、不爱喝酒，不喜欢官场上的应酬，一身正气。"这是郑教授对他的描述。

"搞自主研发、设计制作，要的是敢为人先、不迷信权威、不唯上的精神，这也是我们学校的传统。不然，学校的7项国家科技大奖怎么能得来呢？"郑教授说。

罗某40多岁就成为单位的一把手，很多人评价他"内向""敢拍板"。郑教授认为，他的学生不是外向的人，在充分讨论后，在重大决策中做决定很快，而且一旦决定就绝不回头，亲自抓、亲手干，所以做事成功率高。

基因四：感恩（生存品格的积极性）

搞工程设计，传帮带非常重要。

郑教授1975年大学毕业后留校，就住进了学生宿舍，罗某和同学们商量个什么事，都是推门直接进来。

郑教授现在最遗憾的事情是，罗某几次邀请他去家里，他都没去。"当老师的最大幸福，就是在远处看着学生一个台阶一个台阶向上走，不能给他添麻烦！"郑教授认为，罗某要腾出精力接待他就是给学生添乱。

基因五：内敛（节操品格的理智性）

"如果不是走得那么壮烈，罗某会像其他从事军工的同事一样，默默无闻地走向八宝山。"一般在入学的第一堂课上，郑教授会告诫自己的学生，入这一行，就别想出名，想出名就别入这一行。

罗某在业务领域的贡献，郑教授无法评价，因为很多还在保密期。很多人说，现在的学界、科技界浮躁、追名逐利，而郑教授说："我们国防人、军工人不是这样的。"

罗某做事不张扬。同学聚会见面那么多次，但大家既不知道他已经是单位的掌门人、多个重要机型的设计者及牵头人，也不知道他获得过航空金奖。

罗某的案例中，藏于记者笔下、言自老师口中所不断展示出的他的品格，也就是潜藏于大学生涯，受益于终身事业的创新人才"共同基因"，与本研究中的创造力品格5个维度恰好吻合。这说明中国大学文化传统在创造力品格内隐塑造上的资源与经验并存的同时，也进一步辅证了创造力品格理论的指导意义。

第三节　加强我国高校创造力品格教育的策略和建议

一、教育和教学理念的多元价值导向是提升创造力品格的前提

在指导思想上，克服工具理性和功利主义思想在当下教育中的负面影响，是创造力品格教育的前提。重视当代大学教师和学生的思想、道德和品位的提升是创造力品格教育的重要保障。减少教育参与者的生存压力，以支持教师和学生原生兴趣与爱好的发展，是养成创造力品格的根本路径。当下中国高校应该在整体教育策略上有所创新和实质性的突破，防止学校、教师及学生知识学习和专业选择价值导向上的短视和工具理性思维，重视文化、艺术、思想和科学技术全方位的教育积淀和多元智能的开发。

二、明确将优秀的创造力品格内容加入现有教育体系和内容中

加强我国高校创造力品格教育策略的探索应该围绕下述内容具体进行探讨。第一，必须满足哪些条件才是合格的创造力品格？第二，创造力品格教育应该教何种内容？第三，我们应该使用何种方法来进行创造力品格教育？大学创新人才培养中必须有明确的创造力品格所含要素内容，以充实创新人才的培养理念。搞清楚优秀的创造力品格和合格的创造力品格应满足的条件，则为高校创新人才培养中的品格教育指明了目标。

挖掘传统的朴素品格文化，提炼和充实现代创造力品格的内容。儒家的朴素思想更多侧重于人本的层面。儒家的朴素哲学更看重事物的本质、实质、内容，尤其是其在人的层面的体现。《论语》中提及"君子务本，本立而道生"。而法家朴素思想更多侧重于"质"和"用"，韩非子认为对事物外表的过多重视是不合乎朴素的。喜欢或在意外貌及外观，这并不错，但如果将外表与外观与其内在感情、质量及功能对立起来就欠妥了："礼为情貌者也，文为质饰者也。夫

君子取情而去貌，好质而恶饰。夫恃貌而论情者，其情恶也；须饰而论质者，其质衰也。"各家对朴素的阐释上虽各有侧重，但基本的朴素哲学及其价值观都是一致的。那就是尊重天道与自然，推及对资源的珍惜和对民生的重视，并由此引申出可持续发展的智慧。

重视人才的品格考量是创造力品格培养中的必要环节，合格的创造力品格在其量化指标中应该满足"符合"及以上的指标。创造力品格所包含的要素维度及品格层面与对应选词在前文的实证研究中已经充分进行了探讨，基于全面的创造力品格论证后，合格的创造力品格应该是在对应的各维度及其所含的层面构成及选词指标的表现上均能够达到"符合"及以上的量化标准，优秀的创造力品格应该是各维度指标达到"非常符合"的水平。

为实现品格考量的量化需求，加强创造力品格的测量体系建构研究凸显出其迫切性，需要在接下来的研究中进一步具体化和通过实践进一步检验。

加强品格考核既是为了考量，更是为了价值观念的传输。随着检验标准的探索和科学化，在获得认同的品格考核体系建构成功后，当下高等教育在选拔大学生及对在校大学生日常考核中都应加强多样化的品格考核。这样做会产生至少两个方面的效应，其一是通过考核从而引发从教育者（高校领导以及教职员工）到被教育者（大学生）甚至进一步将影响延伸至社会后的大环境中重视品格的意识；其二，是通过科学考核真正实现有目的的品格教育，实现考核与教学相长的教学理念或者考核本身就是一种向大学生输出价值观的手段。

三、课程体系改革增加人文艺术类内容的比重

人文与艺术类熏陶对于大学生阶段的品格培养所产生的效果会明显优于直接的价值信条灌输。当个体成长过程中知识与品性的获得，演变成以自发和自觉为主要途径时，通过灌输教育方法所进行的价值观教育内容和技术类的内容所收到的效果是大相径庭的。即便如此，过多依赖传统灌输教育，即使是在技术能力教育方面也容易引起权威依赖性地创造贫困。所以大学阶段的创造力品格教育当遵循教育的规律，通过人文与艺术思想的熏陶，引导学生作为主体要进行自我体验、反思、积淀和生成，自觉地进行价值观建构和合格创造力品格实现，这是品格教育最智慧和最理想的养成方式。不论是美国的"零点计划"项

目及其研究结果的应用，还是国内在价值观教育中的经验和教训，都在说明着同样的道理。

即便是在美国品格教育的消沉期，在价值相对主义思想盛行的背景下，美国著名教育家科尔伯格（Kohlberg）[①] 提出了"道德认知发展理论"，在涉及道德认知与行为认同之间难以抹平的鸿沟时，致力于缩小这个差距，而探索出的策略是在实践中发展学生的道德判断力，而这种发展恰恰是需要相应的情景或氛围的熏陶的。而"零点计划"项目的研究结论则使美国大学里的人文艺术教育比重迅速增加。同时"新品格教育运动"的兴起进一步推动了各级学校教育中的人文与艺术熏陶。

在市场经济大潮冲击下并基于扩招的背景，高等教育中的"工具理性"和"效率至上"及"流水线主义"盛行，人文与艺术类的课程熏陶由于其与"工具理性"背离，处于非常严重的弱势。这也间接导致了大学生创新价值动力的缺失。因此，创造力品格教育策略中，强化人文与艺术熏陶势在必行。

四、优势路径：新思想指导下整合多渠道形成创造力品格培养

1. 新思想之一：基于管理创新理念的品格教育策略

基于管理科学精神策略的创造性训练和品格认知实践的养成是体现人才特色的创造力品格教育路径。基于组织间协同与信息沟通反馈的家庭、社会和学校合作创造力品格塑造路径能够发挥品格教育优势。

高校品格教育中可以借鉴最新管理理念，整合企业界与教育界的优势路径，进行新时期的品格教育。"品格第一"计划就是一个示范案例。

"品格第一"计划最早由加曼（Garman）于1948年提出，此计划原本是运用于企业界的经营与管理，实施后企业之经营绩效与组织气氛皆有优异的成果展现，而此项计划即被引进教育实务现场中。"品格第一"计划目前是由美国品格训练机构（Character Training Institution，CTI）负责推动，该机构积极推动"品格企业""品格教育"及"品格小区"等三个子计划。以上三个计划，尤以"品格教育"计划的收效最为恢宏。"（小学教师品格教育课程实施之个案研究）

---

① 美国儿童发展心理学家。他继承并发展了皮亚杰的道德发展理论，着重研究儿童道德认知的发展，提出了"道德发展阶段"理论，在国际心理学界、教育界引起了很大反响。

我们在调查中发现，品格影响层面的现实状况体现为学校影响和社会积极影响不足。在题项"你认为自己品行的影响因素中排名第一的是下述哪一种？"的调查上面，被调查者反馈为：家庭影响与教育72.7%，学校教育占9.5%，社会影响占6.2%；在排名第二的选择中学校教育能占到53.2%，也不过刚过半数而已，其数据折合成权重后如表7-1所示。

表7-1　大学生品格的影响因素重要性排序

选项	平均综合得分（分）
家庭影响与教育	4.52
学校教育	3.43
社会影响	2.81
遗传	2.19

在被调查者反馈的对其做人品行影响最大的人的数据分布中，占比最高的是家人，占74.2%；其次为老师，然后是同学，分别占11.48%和10.67%。（见表7-2）

表7-2　大学生自评对其品格影响最大的人

选项	小计（人次）	比例（%）
老师	356	11.48
家人	2300	74.17
同学	331	10.67
其他	114	3.68

可见，品格教育的学校和社会空间尚需大力拓展。通过相关研究进一步探索三方协同发挥作用的机制，为大学生创造力品格教育营造全环境的策略。

2.新思想之二：基于信息创新理念的品格教育策略

基于以富媒体为代表的信息社会理念的创造性训练和品格认知实践的养成是体现人才特色的创造力品格教育路径。

随着信息渠道的畅通，个体获取信息的成本相应降低，知识在一定程度上已不能简单地成为区分人才的标准。知识分子群体与普通工人或消费者等非知识分子群体的界限将不再如以前那么清晰和有距离感。德鲁克提出的"知识型员工"概念，虽然早期只停留于指代管理者阶层以上，而今我们完全有理由认同其范围已经扩展到普通工人。在这种情况下，传统的人才观念和人才群体不可避免地要受到冲击。怎么才能免于或减轻这种冲击呢，或者说高校创新人才培养如何在这种冲击中脱颖而出呢？我们要抓住的主线是：信息化时代使个体产生区别于其他个体的是他们身上的特殊性。

所以只有在个体特质和专业领域足够优秀的人才能称之为信息社会的创新人才：信息化社会更加重视拔尖创新人才、专业深耕人才和复合型人才，这些创新人才将是信息化时代的领跑者。

为此，在创新人才培养中必须关注凸显信息化精神的创造力品格教育策略。

第一，要借助信息化措施实现创新品格在教育内容中的普及。

当下的教育信息化本身就是教育创新的体现，它突破了传统的信息广播模式，基于互联网2.0带来的变革和信息终端设备的普及而形成了富媒体信息的获取与反馈——富媒体终端交互式学习的普及。品格教育作为一种依靠隐性学习内容、依靠交互式的网络，更容易产生积极的效果。富媒体最突出的作用是强化信息的传输，重视互动体验，增加了相互影响或模仿的概率，相对传统手段更容易实现品格和价值观内容的教学目的。

注重将传统价值教育的内容信息化：各种教学资源汇聚、信息技术支撑的教育是学习无所不在、即时在线。新思想和前沿知识是网络的优势力量，相对而言，传统文化和其价值传输比较弱势，但并不意味着其不起作用，结合互动网络时代信息数据的"长尾"效应，凸显传统文化与德性价值将是一个突破性的教育变革。品格教育建设中，应注重传统与主流的有机结合，重视网络教与学。

第二，重视信息时代创造力品格的典型要素"协"商培养。

创造力品格教育在信息社会也要有体现信息时代要求的典型要素，这就是"协"商。教育不仅要突破传统的智商概念，更要重视培养以快速与广泛的搜索能力和精心思考与深入的学习能力为代表的新型智力，开发培养信息时代的创新利器——"协"商。所谓"协"商，是一种独特的能力，表现为对海量信息的获取、整理、编辑、处理、交流能力和创造、创新能力的整合。"协"商包括如下能力：创新和创造力、沟通、翻译、综合、协作、问题解决及提出跨学科的见解的技能，它整合了传统意义上的智力、能力和品格等诸多内容，必须予以重视。数据挖掘，创造性整合、编制和链接知识的意识及能力比复述事实、名称和日期更为重要。

第三，将互联网2.0所代表的互动参与式理念在大学教育指导理念中推广。

推进教育创新，在教育教学中切实执行参与式教学，积极开展大班授课、小班讨论及行动学习为代表的课程方式改革不失为有效的措施。具体在教育教学中，可以基于信息技术，依托并结合专业教学特殊情况，努力营造以学生为主体、教师为主导的教学氛围，推进研究性教学，特别是小班化研讨式教学、案例式教学，尤其是以基础理论为代表的课程在教学中更应凸显思想之魂，通过具体的氛围或气场的建构，成功实现价值信条与德性原则的传承。我们在研究和探索试点过程中，就结合大学的课堂教学成功应用了基于问题解决导向的团队教学模式，由5～6名学生自由组建一个团队来承担一个问题的解决，通过分工合作完成任务，提交思路方案和参加答辩，获得团队集体分。在这个过程中，既锻炼了创造性解决问题的能力，又增加了相互间的认同与合作。

凸显信息时代精神的教育教学理念正在引起理论上的关注和实践上的初步践行。随着理念的进一步普及，教育教学中会有更多的方法和策略涌现，使教育和教学的参与双方都会在知识和品格的传承与创新上获益。

3. 新思想之三：基于教育创新理念的品格教育内容体系建构

创造力品格教育的内容体系应分为五个方面：向"善"因素、知"善"因素、行"善"因素、守"善"因素和"善"爱相关因素。"善"是中国传统文化中品格修养的目标，符合在实证分析中所表达的各指标应该达到的优秀程度。

向"善"因素，主要表现为"生存品格的积极性"维度的各种要素，如乐观、积极、发现生活的乐趣，使个体有强烈的责任感和道德感，能正确处理个人、集体、国家之间的关系，忠诚、正直、向上、服务、奉献、关心集体、团结他人、有强烈的社会使命感。

知"善"因素，主要表现为"认知品格的优秀性"维度的各种要素。为使个体的智力和技能全面发展，树立科学的精神和严谨的治学态度，也就是具有高尚的品德和科学精神，勇敢、聪明、敏锐、知识结构合理、思维方式科学、求实、务实、扎实。

守"善"因素，体现为"节操品格的理智性"维度的各种要素，表现为自律、理性、节制、宽容、不卑不亢等。

行"善"因素，体现为"做事品格的执着性"维度的各种要素，具体表现为勇敢、坚强、守信、诚实、勤奋、努力、主动把工作做到比别人期望的更好等。

引导学生养成积极主动和进取负责的做事品格。使个体具有自强精神和创新、竞争意识，有强烈的自信心、自豪感，参与意识强，自主、独立、自强，富于联想，敢于标新立异，勇于探索和实践验证，主张公平竞争，能正确对待成功与失败等。

"善"爱因素，体现为"合作品格的关爱性"维度的各种要素，具体体现为关爱的感情倾向，共情的思维出发点，善于合作，不自我，不自私。

以上具体内容的教育目标实现，需要在培养策略中更新教育理念，结合创新品格在向"善"因素、知"善"因素、行"善"因素、守"善"因素和"善"爱相关因素等5个维度上的侧重，建立并完善以"道德体验（感）""认同意识""修身"和"共情（受）"等为主线的品格教育内容体系，提升大学生的创造力品格中的健康心情与品行。这标志着创造力品格教育的初步形成。

五、加强建构教师创造力品格的"师"与"范"影响

常言道："学高为师，身正为范。"教师既有知识又具备优秀的品格，自然会赢得学生的认同与尊重。

大学教师与学生的日常接触相对较少，其对学生做人与学习的全面影响表现得更加隐性，但这并不意味着大学教师对学生品格影响层面重要性的降低，恰恰相反，进入大学阶段的青少年，在大多数领域初步进入个体自主与选择的天地，对于其认同甚至是崇拜的老师会有自发的隐性学习倾向，教师在育人环节的很多内容都要通过品格感召来实现，进而演化成品格教育与影响。学生对其尊敬和崇拜的老师所进行的模仿，原本就是教育的手段和内容，也是大学教育中的诸多合力之一。

托兰斯和多夫强调，具有高创造成果的学生对不寻常的和以独创性为前提的教师和教育方法深感兴趣。

美国著名科学社会学家哈里特·朱克曼对1901—1972年间的286位诺贝尔奖获得者做了调查分析。她发现，在94位诺贝尔奖得主中，有48位曾经是另一个诺贝尔奖得主的研究生、博士后研究员或合作的同事。访谈时，这些大师都说老师是他们的榜样，他们从老师身上学到了科学的方法、研究的水准、思考问题的方式、判断什么是重要的问题，以及了解科学界的运作方式。这说明

老师的影响对个体尤其是创造性人才的成长与发展起了很大的作用，大学教师自身的品格魅力、科学态度、科学精神、科学方法、思考问题的方式等方面都是大学生在内隐学习中模仿的对象。

提升教师形象，克服高校教育中的市场导向，重塑传统的师生伦理是建构的第一步。

第二步，结合时代特色，将传统教师角色进一步提升，强化教师团队建设，以团队精神影响学生品格。

第三步，通过理论教学和实践教学的过程参与，形成教育者的优秀品格影响，增加教师与学生接触和交流的意愿，育人于校园文化中。

通过加强品格的培养以提升创新人才培养水平，对于高等教育为社会输出更多的合格人才具有非常重要的意义，其策略、方法与路径的探索要随着教育实践和时代精神的发展不断进行充实和完善，形成一套较全面且相对成熟的大学生创造力品格培养制度，是当下教育管理创新中的重要内容。

第八章

研究总结和展望

创造力品格研究是对我的一次挑战，在以前的研究中只习惯于定性研究相关思维，而在本次研究中，我将大部分精力用在了实证研究的理论学习、研究设计、数据调查和数据分析中，数次尝试，几经反复，初步进入了科学实证研究的门槛，艰难地沿着设计好的步骤将研究铺陈，而后收拢。无太多的刻意而为，却有了一些超出预期的惊喜发现，这大概是对本研究的最好概括。

一、创造力品格的研究意义进阶

在对创造力品格研究进行总结时，对本研究的出发点进行重审，那就是"探求个体的创造力与个体品格特质之间的相关性"。当年确认这一选题时，也曾饱受犹疑之苦，唯恐研究落入空谈。幸好随着研究进展的继续延伸，我发现，当将德性与创造、创新交叉起来研究时，便有意或无意中涉足了创新管理领域中的一个哲学话题：创新和创造的"善"，这是伦理学与管理学甚至也包括教育学和心理学等几个学科之间的边缘地带，于是得以深入创新人才培养的应用伦理学领域。

进入知识经济时代大潮的中国及其高等教育，都不可避免地要正面迎接创新思潮的驱策。在这种情况下，国家如何通过人才战略应对这一挑战，为社会经济可持续发展提供源源不断的动力？教育，尤其是直接面向社会输出建设人才的高等教育，如何在这个时期的国家人才战略中发挥其应有的作用？要想回答好上述两个问题，需要教育、管理、伦理及心理等相关学科领域围绕理论与实践对策做积极研究与创新参与。面对社会对创新人才需求的强烈愿望，如何进一步通过教育创新提升高校创新人才培养水平就是这一系列研究中首先要解决的问题。

同时，另一个社会问题也同样让当代国人无从回避。那就是，进入 21 世纪后的中国，不管是处于哪一个年龄代际，都无法绕开一个普遍的社会现实，社会道德体系的现状堪忧，社会整体的信任危机及其在近五年来的突出表现——以"食品安全"问题为代表的商业伦理缺失。国人戏称"食品安全"危机是普及化学课，我们又何尝不知每一个"食品安全"危机事件背后的真相几乎都是对传统食品链条的突破，如果不去考虑每次"创造"背后的安全副作用，则每次对传统食品加工链的突破，都意味着一次"卓越的"产业变革，其操作者的"创造能力"都该让世人惊叹。但是为什么这么简单有效的变革，人类数千年来没有轻易突破过，这就涉及我们所提及的创新伦理问题了。当一种"创造"突破了人们底线的价值伦理后，就只能算作贪欲膨胀而衍生的罪恶，而根本不能称其为真正意义上的创新。从这个意义上讲，创新与创造的品格问题研究，不仅仅是理论意义上的"书生空谈"，更驻足于阐明的是真正意义上的创新问题，真正的创新必定是要产生社会价值的，是造福人类的，至少应该是不危害社会的。当这一思想成为创造性人才的共识时，当下社会的信任危机就可以得到适当的缓解，尤其是食品安全领域那些令人生畏的"创举"也会少很多。

二、研究的主要收获

本研究旨在探索个体创造力与个体特质中的品格要素及品格要素各构成因素层面的相关性。研究的开展主要是在已有创造力影响理论的基础上，从理论创新的立意出发，采取理论分析与实证测量相结合的原则，探索出创造力品格各要素对创造力表现的影响分布，并进一步分析和建构解决提升当代国内高校创新人才培养水平问题的策略与建议，提出了一种新的创造力影响因素理论框架，为创造力研究拓展了伦理与价值领域的空间。本研究的主要收获体现为如下几个方面。

1. 界定了创造力品格的概念并探索其外延分布

长期以来，关于影响创造力的个体特质研究，大多立足于"人格"的概念，而人格要素在认知和精神质层面的心理学色彩明显，而且人格要素受后天教育及其他环境（影响因素）影响相对不明显。为此，结合社会发展所涌现出的创造主体价值观表现相对弱势的问题，我将研究的核心概念立足于影响创造力的品格范畴。

鉴于长期以来国内外品格研究中宽度有余而深度不足的现状，本研究将重点突破创造力品格的概念深度。在对吉尔福特的创造力品格概念进行分析的基础上，提出本研究的创造力品格观：创造力品格是创造性个体基于一定的价值标准去探求解决问题的正确方法时所体现出来的共同的品行特征。它是一种个体的品行表现状态，植根于个体的德性修养与价值信念，可以为后天环境和教育因素所影响，同时随人生的不断成长而渐趋稳定。

对于创造力品格的外延，在基于广泛的文献筛选工作后，结合已有创造力影响因素进行整合，我们将创造力品格影响因素遴选为 5 个维度和其下的 12 个层面。

创造力品格的 12 个要素分类分别是：关心、爱护，公正、无私，智慧、敏感，勇敢、坚强，诚实、守信，主动、负责，节制、理性，宽容、忍耐，勤奋、努力，感恩、欣赏，乐观、向上，服务、奉献等品格要素构成层面。

2. 设计了创造力品格测评体系

根据文献分析和创造力品格要素构成的分层，我们选词设计了创造力品格测评体系。创造力品格测评体系分为两个量表：一是研究早期为确定品格要素分层所使用的"品格 12 层面对创造力的影响认识调查表"，旨在调查大学生对品格要素在个体创造力中所扮演的影响角色；二是经过预试和分析，并最终投入正式数据调查的"大学生创造力品格量表"（详见附录）。后者经过预测与项目分析后，确定为 36 个题项，分布于我们所关注的创造力品格的 12 个分类。

3. 确定了创造力品格的 5 个影响因子

根据"大学生创造力品格量表"五分量表的调查数据分析，确定了创造力品格的 5 个因子，分别为"认知品格的优秀性"维度、"做事品格的执着性"维度、"生存品格的积极性"维度、"节操品格的理智性"维度和"合作品格的关爱性"维度。

4. 验证了创造力品格各因子与创造力各指标的正相关性

（1）"认知品格的优秀性"维度指标与创造力各指标的相关性显著，整体体现为中度正相关，相关系数如下：

创造力品格该维度与创造性思维表现的 Pearson 相关的相关系数为 0.311；

创造力品格该维度与创造性倾向表现的 Pearson 相关的相关系数为 0.389；

创造力品格该维度与创造力总体表现的 Pearson 相关的相关系数为 0.412。

（2）"做事品格的执着性"维度指标与创造力各指标的相关性显著，为低度正相关，相关系数如下：

创造力品格该维度与创造性思维表现的 Pearson 相关的相关系数为 0.201；

创造力品格该维度与创造性倾向表现的 Pearson 相关的相关系数为 0.156；

创造力品格该维度与创造力总体表现的 Pearson 相关的相关系数为 0.205。

（3）"生存品格的积极性"维度指标与创造力各指标的相关性显著，为低度正相关，相关系数如下：

创造力品格该维度与创造性思维表现的 Pearson 相关的相关系数为 0.087；

创造力品格该维度与创造性倾向表现的 Pearson 相关的相关系数为 0.134；

创造力品格该维度与创造力总体表现的 Pearson 相关的相关系数为 0.131。

（4）"节操品格的理智性"维度指标与创造力各指标的相关性显著，为低度正相关，相关系数如下：

创造力品格该维度与创造性思维表现的 Pearson 相关的相关系数为 0.052；

创造力品格该维度与创造性倾向表现的 Pearson 相关的相关系数为 0.142；

创造力品格该维度与创造力总体表现的 Pearson 相关的相关系数为 0.119。

（5）"合作品格的关爱性"维度指标与创造力各指标的相关性显著，为低度正相关，相关系数如下：

创造力品格该维度与创造性思维表现的 Pearson 相关的相关系数为 0.053；

创造力品格该维度与创造性倾向表现的 Pearson 相关的相关系数为 0.072；

创造力品格该维度与创造力总体表现的 Pearson 相关的相关系数为 0.074。

5. 进一步探索并进行关于创造力品格各因素的回归分析

（1）创造力品格对相应创造性思维指标的回归分析。

创造力品格对创造性思维指标的回归方程式如下：

创造性思维＝30.270＋0.351×认知品格的优秀度＋0.224×节操品格的理性度－0.146×合作品格的关爱度＋0.327×智能变量＋0.407×环境变量

该方程式验证了创造力品格中"认知品格的优秀度"和"节操品格的理性度"对创造性思维的正向影响，而"合作品格的关爱度"在对创造性思维的影响上呈现低度负相关。

（2）创造力品格对相应创造性倾向表现的回归分析。

创造力品格对创造性倾向表现的回归方程式如下：

创造性倾向＝5.767＋0.567×认知品格的优秀度＋0.104×生存品格的积极度＋0.512×智能变量＋0.368×环境变量

该方程式验证了创造力品格中"认知品格的优秀度"和"生存品格的积极度"对创造性倾向的正向影响。

（3）创造力品格对创造力表现的回归分析。

创造力品格对其所贡献的创造力表现的回归方程式如下：

创造力指标＝35.799＋0.886×认知品格的优秀度＋0.325×节操品格的理性度＋0.838×智能变量＋0.768×环境变量

该方程式验证了创造力品格中"认知品格的优秀度"和"节操品格的理性度"对创造力指标的正向影响。

6.根据调查数据分析当代大学生的创造力品格特征

分析调查问卷数据，将当代大学生的创造力品格特征概括为如下层面。

（1）大学生对创造品格各维度认同或重视程度存在明显不平衡，较多重视"做事"品格而忽视"价值情感"和"理想信念"类品格。价值情感和理想信念的弱势直接影响了创造力品格的认同和发展，进而制约着个体的创造表现，在相关品格要素调查中，发现被调查大学生对"做事品格"维度的要素产生的创造力影响持较高认同，另外四个维度所含品格要素没有受到足够的重视，这是品格内部的"工具理性"。

（2）大学生的创造品格整体特征指标并不理想，需要引起足够重视。其中最弱势的创造力品格维度为"认知品格优秀性"维度，而此维度是创造力品格诸维度中对创造力影响最为突出的一维。

（3）不同背景的大学生的创造力品格表现存在差异。大学生的创造力品格存在性别差异、学校层次差异和学科背景差异。其中，学校层次差异中，部属院校相对占优势，普通民办高校在创造力品格各指标表现上稍稍领先于普通公办大学；而不同学科背景被调查大学生中，艺术类和军事类学科的大学生在创造力品格各维度指标上表现优于其他学科背景的大学生（人文社科、理科、工科、农科、医科等）。

（4）创造领域分布状况分析显示，高创造力品格大学生首选的创造成就领域为社会活动方面表现出的成绩，而学习成绩位列其次。而在其后关于其创造能力在多元智能领域的兴趣取向分布调查中，选择概率高的是"自我认知智能"和"人际关系智能"，体现为一种人文和社会科学价值取向，与当下高校学科专业选择呈现出真实意愿与实际选择的意愿表达上的"二重分裂"。根据大学生学科背景与多元智能取向的交叉比较，同样得出大学生学科专业选择与本身智能兴趣追求存在很大程度上不同步的结论，可以预测，这种意愿上的"分裂"，在合理层面上可以促进个体创造力的全面发展，但如果超出了合理的层面，可能会直接影响或抑制创造的原始情感（兴趣）动力。

7. 设计出一套促进大学创新人才培养的策略框架

在对策研究中，总结和借鉴国内外相关品格教育案例与创造力培养案例，综合分析其经验与教训，探寻当下中国大学培养创新人才的策略体系。

（1）在高等教育指导思想上，以价值多元克服工具理性带来的负面影响。

（2）明确创造力品格的教育目标是品格各维度要素指标要达到的优秀程度。

（3）人文艺术类教学内容对创造力品格养成具有积极的熏陶作用，这是美国"零点计划"项目的启发，也是大学生创造力品格现状分析中得出的共识。

（4）结合社会发展，借鉴最新理念，搭建创造力品格发展平台。基于"品格第一"教育理念开发人力资源的个体创新潜质，重视学校与家庭和社会三种外在力量在品格教育中所起的系统合力；通过基于信息社会富媒体互动理念的创造性训练和品格认知实践的养成路径培养创造性人才；基于教育创新理念的品格教育内容体系建构应该包括向"善"因素、知"善"因素、行"善"因素、守"善"因素和"善"爱相关因素等五个方面。

（5）加强建构教师创造力品格的"师"与"范"影响，是创造力品格教育中的重要途径。教师是学生创造性知识储备的源泉之一，同时也是学生做事与生活中价值追求的参照范本。教师既有知识，又具备优秀的品格，自然会赢得学生的认同与尊重。

三、研究的主要创新点

（1）界定了创造力品格概念及创造力影响研究中的新概念模型。前人的创造性个体特质研究中大多集中于创造性人格研究。本研究中假设创造性人格中有些因素如心理与气质等先天性较强，后天可教育程度较低。所以将其中价值观、德性及情感相关因素筛选并整合，形成创造力品格概念：创造性个体基于一定的价值标准去探求解决问题的正确方法时所体现出来的共同的品行特征。

（2）将创造力个体影响因素研究从心理学领域进一步拓展到教育学、伦理学和哲学交叉研究范畴。当研究中涉及创造力主题的价值观、理想信念和社会责任时，这不仅仅是教育中的个体特质要素问题，更是创新的伦理问题和哲学问题。本研究在这里开了一个口子，后续研究将会围绕创新、创造力与道德、价值追求、理想信念等交叉领域进一步展开。

（3）在研究对象上突破了以往创造力研究关注天才人物的惯性，着眼于以普通大学生个体为主的创新人才培养规律探索，发掘大学生个体特质中的品格要素对其创造力的影响。

（4）结合多元智能理论分析大学生创造力品格现状，进一步关注大学学习的目的或出发点，同时认真审视当今大学学科专业选择中存在的问题，指导教育参与者发掘自己的真实兴趣或创造力源。

（5）将市场价值导向下高校的"价值（合）理性"缺失和"工具（合）理性"的强势引起的大学生成长、成才过程中的浮躁状态列为创新教育弱势的主要原因。

（6）首先提出在大学教学体系建设中加强人文艺术类课程教学和相应的文化氛围的营造，将文化与艺术熏陶作为创造力品格教育中的重要方面。

（7）借鉴企业管理与信息化创新相关理念来加强品格教育。将"品格第一"教育理念在企业培训中的可用经验借鉴到高校品格教育中，将"信息化"对教育的挑战充实到创新人才培养理念中。

四、研究的不足与展望

1. 研究的不足

第一，"品格"这一名词虽然在中西传统文化中都有深厚的底蕴，长期以来，对其外延探讨较多，但是本身概念和内涵的界定尚未统一，因此其理论体系有待进一步完善。创造力品格也需要有一个明确的概念及其理论模型，本研究在创造性的概念上需要进一步简化，使之更加明晰，而其相关要素维度及概念模型的建构还需要后续研究进一步进行支撑，使之更加成熟。

第二，实证研究设计及具体操作有待加强。虽然本研究实证调研阶段历时三年多，问卷设计进行了反复论证、测试及修改，正式调查时也搜集了大量的数据，但由于初次采用实证方法做研究，研究设计和操作尚欠成熟。本研究的数据来自书面问卷和电子问卷，样本分布较分散，本科生数量占大多数；采用自陈式量表，虽经过技术处理，但数据一定程度上受主观态度影响；等等，都需要后续研究的进一步深入。

第三，本研究重点关注了个体非智力特质中的品格构成对创造力的影响，而个体创造力的影响因素还有外在环境因素等，没有统计进来一并分析，而个体创造力水平对其品格的影响也没有在本书中展开，所以创造力品格研究的概念模型有待进一步的研究数据做深入支撑和验证。

2. 新的研究问题

（1）如何将传统教育导向的阻力降低？

相对于知识传递性应试教育和其他传统教育的技能指导而言，创造力教育尤其是创造力品格教育是一项长期风险投资，回报相对不明显和不及时。同样，雇主更喜欢雇用取得公认的教育机构学历的求职者，而不会选择将大量时间投入到如何去考核、选拔具有创造性的应聘者，原因之一就是后者需要投入的成本更高。因此，创造力教育与创新人才培养的重要性不能仅停留于理论探索，而应该有整套的生态系统机制，从选拔、培养和教育到应用都能有章可循，这不仅需要全社会的支持，更要将每一步的研究转化为实践。目前比较理想的做法是将创造性技能整合到学校课程中。

（2）如何做，需要实践的检验和修正。

创造力品格教育要突破传统的教育模式，突破知识记忆和知识再现的应试思维，通过相对隐蔽的、间接的方式向大学生传递教育内容，以解释、劝解的教育方法来提高大学生的创造能动性，用环境影响人，以人影响人，使他们在实践和情感的体验中逐步完善自己的创造力品格。建构科学的创造力品格养成机制，需要在理论探索和实践支持中不断完善。

3. 研究展望

研究立足于化解社会危机。

相关领域的研究如果进一步与社会现实接轨的话，就会发现当下社会变迁过程中，道德失范和信任危机造成的社会冲突的加剧，既不是创造力发展的后果，也不应该是创新和创造研究所要回避的。创造力品格教育的应用研究当以着眼于社会长远发展的视角化解社会危机，以良好的价值导向增加人们在创造生活过程中的幸福感，从而实现研究的真正价值。

对于所有创造力品格的研究，不论是理论性的、实证性的还是应用性的，不论它是否要另外关注像智力、才能、心理、环境及其他创造力的影响因素等所造成的影响合力，我们都相信，应该有一个持续的推进力，促使它们进行更为系统和整合的研究。

或许仅凭本次研究，我们对品格与创造力之间关系的了解并不足够，但经过本次研究，我们可以得出如下结论：大学生在生存品格上的积极和乐观、在认知品格上的聪敏与公正、在节操品格上的自制与宽容、在做事品格上的努力和坚持，以及在合作品格上体现出的关爱与同情心等确实是有助于增强其创造力的。我们也有信心宣称，当这些因素对应的负面态度干扰或降低了对个体德性要求之时，其创造力表现会有所折损。甚至，我们知道，目前文化与艺术的熏陶有利于提升大学生的文明层次，从而增加其创造力品格修养。

限于水平及领域交叉，本书的一些观点可能是值得商榷的，也有可能略显稚嫩，但这并不妨碍其在大多数相关领域中的创新性和启发价值。虽然本书的研究已经开始探索采用何种策略能够在当下高校完美地构筑创造力品格，但我们都知道，限于诸多的环境因素，对于这些复杂制度的深入变革，尚待一个合适的时机才能付诸实践和进行下一步的探究与推广。

参考文献

[1]   Amabile T M，Conti R，Coon H，et al. Assessing the work environment for creativity[J]. Academy of Management Journal，1996 (39): 33.

[2]   Amabile T M. A model of creativity and innovation in organization[J]. Research in Organizational Behavior，1988 (10): 21-22.

[3]   Amabile T M. Creativity In Context: Update To The Social Psychology of Creativity [J]. High Ability Studies，1996 (2):17-19.

[4]   Amabile T M. Creativity in context[M]. Boulder: Westview Press，1996.

[5]   Amabile T M. The social psychology of creativity[M]. New York: Springer-Verlag，1983.

[6]   Antonakis J，Cianciolo A T，Sternberg R J. The Nature of Leadership [M]. New York: John Wiley & Sons，Ltd，2013.

[7]   Aristotle. The Nicomachean ethics[M]. Oxford，UK: Oxford，1992.

[8]   Baer J. Generality of creativity across performance domains[J]. Creativity Research Journal，1995 (4): 124.

[9]   Barron F，Harrington D M. Creativity，intelligence，and personality [J]. Annual Review of Psychology，1981 (32): 439-476.

[10]   Barron F. Complexity-simplicity as a personality dimension[J]. Journal of Abnormal and Social Psychology，1953 (48):56-57.

[11]   Bennis W，Nanus B. Leaders: The strategies for taking change[M]. New York: Harper & Row，1985.

[12]   Berkowitz M W，Grych J H. Early character development and education [J]. Early Education and Development，2000，11(1): 55-72.

[13] Blind L G K. Putting Innovation at the Centre of Europe - Suggestions for a European Innovation Strategy [J]. Bioessays News & Reviews in Molecular cellular & Developmental Biology，2010 (2):37.

[14] Block，Jack. A contrarian view of the five-factor approach to personality description[J]. Psychological Bulletin，2000 (117): 187-215.

[15] Bloom B S. Developing talent in young people[M]. New York: Ballantine，1985.

[16] Boorstin D J. The creators: A history of heroes of imagination [M]. New York: Random House，1992.

[17] Cary L，Cooper，Ivan T Robertson，et al. International review of industrial and organizational psychology [M]. Chichester: Wiley，1995.

[18] Chandler G N，Keller C，Lyon D W. Unraveling the Determinants and Consequences of an Innovation-Supportive Organizational Culture [J]. Entrepreneurship Theory and Practice，2000, 25(1): 59-76.

[19] Colvin E. Leadership Studies and Liberal Education [J]. Journal of Leadship Education，2003 (2): 28-29.

[20] Costa P T，McCrae R R. Revised NEO personality inventory and NEO five-factor inventory professional manual [J]. Psychological Assessment Resources，1992: 98-102.

[21] Craft A，Jeffrey B，Leibling M. Creativity in Education [J]. Qualifications & Curriculum Authority，2001 (10): 17-19.

[22] Csikszentmihalyi M. Creativity: Flow and the psychology of discovery and invention[M]. New York: Harper Collins，1996.

[23] Csikszentmihalyi M. Implications of a systems perspective for the study of creativity: Handbook of creativity [M]. MA: Cambridge University Press，1999.

[24] Davis G A. Creativity is Forever[M]. Dubuque，IA: Kendendall Hunt，1992.

[25] Dess G G，Pickens J C. Changing roles: Leadership in 21st century[J]. Organizational Dynamics，2000 (28): 18-34.

[26] Dewett，Todd. Employee creativity and the role of risk [J]. European Journal of Innovation Management，2004，7(4): 257-266.

[27] Drucker P F. Knowledge-worker productivity: The biggest challenge[J]. California Management Review, 2000, 41(2): 79-94.

[28] Eysenck H J. Creativity and pesronality:Suggestions for a theory [J]. Psychological Inquiry, 1993 (4): 147-178.

[29] Feist G J, Runco M A. Trends in the creativity literature: An analysis of research in the Journal of Creative Behavior (1967—1989) [J]. Creativity Research Journal, 1993, 6(3):271-283.

[30] Feist, Barron. Predicting creativity from early to late adulthood, intellect, potential, and personality [J]. Journal of Research in Personality, 2003, 37, 62-88.

[31] Friedman M, Rosenman R H. Type A behavior and your heart[M]. New York: Knopf, 1974.

[32] Frohman L. Building a culture for innovation [J]. Research Technology Management, 1998 (41): 9-12.

[33] Gardner H. Creating minds: an anatomy of creativity seen through the lives of Freud, Einstein, Picasso, Stravinsky, Eliot, Graham and Gandhi [M]. NewYork: Harper Collins, 1993.

[34] Gardner H. Multiple intelligences: The theory in practice [M]. NewYork: Harper Collins, 1993.

[35] Gardner J W. On Leadership [M]. NewYork: The Free Press, 1990.

[36] Guilford J P. Creativity [J]. American Psychologist, 1950(5): 444-454.

[37] Harris T E. Organizational Cultures and the Role of Professional Communication [J]. ERIC Document Reproduct Service, 1984 (7): 260-397.

[38] Helmreich, Robert, Spence L , et al. Making it in academic psychology: Demographic and personality correlates of attainment [J]. Journal of Personality and Social Psychology, 1980, 39(5):896-908.

[39] Hooijberg R, Petrock F. On Cultural Change: Using the Competing Values Framework to Help Leaders Execute a Transformational Strategy [J]. Human Resource Management, 1993, 32: 29-50.

[40] House，Democrats. Innovation Agenda: A Commitment to Competitiveness to Keep America #1 [M]. Washington: House Democrats，2005.

[41] Jung C G. Psychological Types[M]. Princeton: Princeton University Press，1971.

[42] Kanter R M. When a Thousand Flowers Bloom: Structural，Collective and Social Conditions for Innovationin Organisation [J]. Research in Organisational Behaviour，1988 (10):7-11.

[43] Kaufman J C，Sternberg R J. The International Handbook of Creativity [M]. London: Cambridge University Press，2006.

[44] Kelly. Relationship between the Five-Factor model of personality and the scale of creative attributes and behavior: A validational study [J]. Individual Differences Research，2006，4: 299-305.

[45] Kernis，Michael，Zuckerman H，et al. Persistence following failure: The interactive role of self-awareness and the attributional basis for negative expectancies [J]. Journal of Personality and Social Psychology，1982，43(6): 1184-1191.

[46] Koestler A. The Act of Creation [M]. London: Hutchinson，1967.

[47] Lickona T，Davidson M，Foundation T，et al. Smart & good high schools: Integrating excellence and ethics for success in school，work，and beyond [J]. Center for the 4th and 5th Rs Character Education Partnership，2005 (4): 23.

[48] Lickona T. Educating for character: How our schools can teach respect and responsibility [M]. NewYork: Bantam Books，1991: 478.

[49] Lickona T. Educating for Character:The School's Highest Calling [J]. In Georgia Humanities Lecture，1997 (3): 13.

[50] Lubart T I，Sternberg R J. An investment approach to creativity: Theory and data [M]. Cambridge: Cambridge University Press,1995.

[51] Lubart T I. Product-centered self-evaluation and the creative process [D]. Yale University，1994.

[52] MacKinnon D W. Creativity: A multi-faceted phenomenon [M]. Amsterdam: North-Holland Publishing Company，1970.

[53] Manchester Business School (University of Manchester).Creativity & Innovation Yearbook [M]. Manchester: Manchester Business School, 1988.

[54] Maslow A H. Motivation and Personality [M]. New York: Harper & Row, 1987.

[55] McCrae. Creativity, divergent thinking, and openness to experience [J]. Journal of Personality and Social Psychology, 1987, 52: 1258-1265.

[56] Michael K M, Murray R B, Steve M S, et al. Higher-order Dimensions of The Big Five Personality Traits and The Big Six Vocational Interest Types [J]. Personnel Psychology, 2005, 58(2): 447-478.

[57] Mumford M D, Gustafson S B. Creativity Syndrome: Integration, Application, and Innovation [J]. Psychological Bulletin, 1988, 103(1): 27-43.

[58] Mumford M D, Hunter S T, Eubanks D L, et al. Developing leaders for creative efforts: A domain-based approach to leadership development[J]. Human Resource Management Review, 2007, 17(4): 402-417.

[59] Murphy S E, Riggio R E. Foundations for a theory of leadership [J]. The Future of Leadership Development, 2003: 29-46.

[60] Oldham C G R .Enhancing Creativity: Managing Work Contexts for the High Potential Employee[J].California Management Review, 1997, 40(1):22-38.

[61] Osborn A. Applied Imagination [M]. New York: Doubleday Anchor, 1957.

[62] Parloff M B, Datta L E, Kleman M, et al. Personality characteristics which differentiate creative male adolescents and adults [J]. Journal of Personality, 1968, 36: 528-552.

[63] Parloff, Datta, Kleman, et al. Personality characteristics which differentiate creative male adolescents and adults[J]. Journal of Personality, 1968, 36: 528-552.

[64] Perkinsdavid N. The Mind's Best Work [M]. Cambridge, Mass: Harvard University Press, 1981.

[65] Petrock F. Corporate culture enhances profits [J]. Hrmagazine on Human Resource Management, 1990, 35(11):64.

[66] Power F C. From Moral Judgment to Moral Atmosphere: The Sociological Turn

In Kohlbergian Research [J]. Counseling & Values, 1988, 32(3): 172-178.

[67] Reuman, David A. Ipsative behavioral variability and the quality of thematic apperceptive measurement of the achievement motive [J]. Journal of Personality and Social Psychology, 1982, 43(5): 1098-1110.

[68] Robbins Stephen P. Organizational Behavior: Concepts, Controversies, and Applications [J]. University of Leicester, 1993.

[69] Runco M A, Albert R S. Parents personality and the creative potential of exceptionally gifted boys [J]. Creativity Research Journal, 2005, 17: 366-367.

[70] Runco M A. Creativity [J]. Annual Review of Psychology, 2004, 55: 657-687.

[71] Runco M A. Creativity: Theories and Themes: Research, Development, and Practice [M]. Pittsburgh, PA:Academic Press, 2006.

[72] Runco M A. Divergen thinking and creative performance in gifted and nongifted children [J]. Educational And Psychological Measurement, 1986 (46):16-17.

[73] Ryhammar L, Brolin C. Creativity research: historical considerations and main lines of development [J]. Scandinavian Journal of Educational Research, 1999, 3(2): 17-18.

[74] Schmit M J, Kihm J A, Robie C. Development of a global measure of personality [J]. Personnel Psychology, 53(1): 153-193.

[75] Scott R K. Creative Employees: A Challenge to Managers [J]. Journal of Creative Behavior, 2011, 29(1): 64-71.

[76] Sethi R, Park D C S W. Cross-Functional Product Development Teams, Creativity, and the Innovativeness of New Consumer Products [J]. Journal of Marketing Research, 2001, 38(1):73-85.

[77] Shalley C E, Gilson L L. What leaders need to know: A review of social and contextual factors that can foster or hinder creativity [J]. The Leadership Quarterly, 2004, 15(1): 33-53.

[78] Shuen A .Web 2.0: A Strategy Guide[M]. Sebastopol, California: O'Reilly Media, 2008.

[79] Simonton D K. Behavioral laws in histories of psychology:Psychological

science, meascience, and the psychology of science [J]. Psychological Inquiries, 1995, 6(2): 89-114.

[80]   Sternberg R J, Lubart L A O I. Creativity as Investment[J].California Management Review, 1997, 40(1):8-21.

[81]   Sternberg R J, Lubart L A O I. Investing in creativity [J]. American Psychologist, 1996 (51):59-61.

[82]   Sternberg R J, Lubart T I. Defying the Crowd: Cultivating Creativity in a Culture of Conformity [M]. New York: Free Press, 1995.

[83]   Sternberg R J. A balance theory of wisdom [J]. Review of General Psyehology, 1998 (2): 22-24.

[84]   Sternberg R J. Finding Students Who Are Wise, Practical, and Creative [J]. Chronicle of Higher Education, 2007, 53(44): 1.

[85]   Sternberg R J. Handbook of Creativity [M]. Cambridge: Cambridge University Press, 1998.

[86]   Sternberg R J. Successful intelligence [M]. New York: Simon & Schuster, 1996.

[87]   Sternberg R J. The Nature of Creativity [M]. Cambridge: Cambridge University Press, 1988.

[88]   Sternberg R J. WICS: A model of leadership [J]. The Psychologist Manager Journal, 2005 (1): 11-12.

[89]   Sternberg R J. Wisdom as a form of giftedness [J]. Gifted Child Quarterly, 2000 (4): 252-259.

[90]   Sugimoto M, Hori K, Ohsuga S. A document retrieval system for assisting creative research [C] // International Conference on Document Analysis & Recognition. IEEE, 1995.

[91]   Tadao Umesao. Joho Sangyo Ron (On Information Industries) [J]. Hoso Asahi, 1963 (5): 14.

[92]   Terman L M. Genetic Studies of Genius [M]. California: Stanford University Press, 1925.

[93]   Thomas Lickona, Matthew Davidson, Smart & Good High School [R]. Center

for the 4th and 5th Rs Character Education Partnership, 2005(5).

[94] Tony Proctor. The Essence of Management Creativity [M]. London:Prentice Hall Europe, 1995.

[95] Torrance E P, Torrance J P. Is Creativity Teachable [D]. Phi Delta Kappa International, 1973.

[96] Torrance E P. Education and the Creative Potential Minneapolis[M]. Minnesota: University of Minnesota Press, 1963.

[97] Umukoro J O. Problem-solving in management: Peculiarities of the arts [J]. Creative Artist A Journal of Theatre & Media Studies, 2009, 3(1): 22-23.

[98] Vangundy A B. Idea Power [J]. Business Book Review Library, 1993 (2): 3.

[99] Wallach E J. Individuals and Organizations the Cultural Match [J]. Training and Development Journal, 1983, 37 (2): 29-36.

[100] Wallis C, Steptoe S. How to Bring Our Schools Out of the 20th Century [J]. Time, 2006, 168(25): 50-56.

[101] Wallis C, Steptoe S. How to Bring Our Schools Out of the 20th Century [J]. English Digest, 2007 (25): 50-56.

[102] Watt W M. Effective Leadership Education [J]. The Journal of Leadership Education, 2003, 2(1): 13-26.

[103] Wehner L, Mihaly Csikszentmihalyi, István Magyari-Beck. Current approaches used in studying creativity: An exploratory investigation [J]. Creativity Research Journal, 1991 (4): 171-261.

[104] Weiburg R W. Creativity, Genius and Other Myths [M]. New York: W. H. Freeman. 1986.

[105] Winton S. The appeal(s) of character education in threatening times: caringand critical democratic responses [J]. Comparative Education, 2008, 44(3): 29-30.

[106] Woodman R W, Schoenfeldt L F. An Interactionist Model of Creative Behavior [J]. Journal of Creative Behavior, 1990, 24(4): 10-20.

[107] Woody R H. Encyclopedia of Clinical Assessment[M]. SanFrancisco: Jossey-Bass, 1980.

[108] Zhou J，George J M. When Job Dissatisfaction Leads to Creativity: Encouraging the Expression of Voice [J]. Academy of Management Journal，2001，44(4): 682-696.

[109] 布贝尔. 品格教育———种有意识的烙印 [J]. 小学德育，2008(5): 1–4.

[110] 常宏. 试论大学生创造力的培养 [J]. 内蒙古民族大学学报，2011(3): 116–118.

[111] 常健. 现代领导科学 [M]. 2 版. 天津：天津大学出版社，2007:34–51.

[112] 陈秉公. "人格结构与选择" 图型理论及其价值——兼论 "主体人类学" 对具体的 "完整人" 学科知识空缺的填补 [J]. 理论探讨，2011b, 5:40–46.

[113] 陈秉公. 论 "人格结构与选择 "图型理论及其知识系统建构 [J]. 江汉论坛，2011a, 3:132–139.

[114] 陈欢庆. 创造力开发教程 [M]. 杭州：浙江文艺出版社，1999.

[115] 陈劲，朱学彦. 学术型企业家初探 [J]. 科学学与科学技术管理，2004 (8): 115–117.

[116] 陈龙安. 创造性思维与教学 [M]. 北京：中国轻工业出版社，2011.

[117] 陈晓玲. 国外创造力研究述评 [J]. 科学学与科学技术管理，2006 (6): 159–168.

[118] 陈秀荣. 研究性学习对培养大学生创造力教学效果的研究 [D]. 合肥：中国科学技术大学，2007: 34–37.

[119] 陈仲庚，张雨新. 人格心理学 [M]. 沈阳：辽宁人民出版社，1987.

[120] 崔华芳，李云. 培养孩子创造力的 50 种方法 [M]. 北京：北京工业大学出版社，2007.

[121] 崔燕. 论科技期刊编辑工作的创造性 [J]. 贵州水力发电，2001 (1): 76–77.

[122] 邓雪梅. 试论团体创造力研究与创造心理学的理论转向 [J]. 心理科学，2005，28(5):1277.

[123] 狄伟. 马丁·布贝尔的品格教育及其启示 [D]. 石家庄：河北师范大学，2010.

[124] 丁锦宏. 品格教育论 [D]. 南京：南京师范大学，2003.

[125] 堵力. 罗阳足迹透视杰出创新人才共同基因 [J]. 中国人才，2013 (1):62–63.

[126] 段碧花 . 创造性人格结构模型的建立和中学生创造性人格量表的初步编制 [D]. 长沙：湖南师范大学，2007.

[127] 段继扬 . 创造性教育通论 [M]. 长春：吉林人民出版社，2000.

[128] 法格伯格，莫利，纳尔逊 . 牛津创新手册 [M]. 柳卸林，等，译 . 北京：知识产权出版社，2009.

[129] 范柏乃，蓝志勇 . 公共管理研究与定量分析方法 [M]. 北京：科学出版社，2008.

[130] 弗里德曼 . 世界是平的 [M]. 何帆，肖莹莹，郝正菲，译 . 长沙：湖南科学技术出版社，2006.

[131] 弗洛姆 . 为自己的人 [M]. 孙依依，译 . 北京：生活·读书·新知三联书店，1988.

[132] 弗洛伊德 . 自我与本我 [M]. 林尘，张唤民，陈伟奇，译 . 上海：上海译文出版社，2011.

[133] 傅世侠，罗玲玲 . 科学创造方法论：关于科学创造与创造力研究的方法论探讨 [M]. 北京：中国经济出版社，2000.

[134] 甘自恒 . 创造·创造力·创造学 [J]. 新华文摘，1984 (8): 210.

[135] 樊潇潇 . 心理测量的先驱——弗朗西斯·高尔顿 [J]. 大众心理学，2005(2): 46–47.

[136] 郭本禹 . 道德认知发展与道德教育：科尔伯格的理论与实践 [M]. 福州：福建教育出版社，1999.

[137] 郭德才 . 天才距精神病只差一步 [J]. 科学与文化，2008 (2): 24–25.

[138] 郭有遹 . 创造心理学 [M]. 北京：教育科学出版社，2002.

[139] 国家研究理事会 . 科学教学创新手册 [M]. 北京：科学普及出版社，2005.

[140] 海纳特 . 创造力 [M]. 陈钢林，译 . 北京：工人出版社，1986.

[141] 胡军 . 跨文化管理 [M]. 广州：暨南大学出版社，1995.

[142] 吉尔福特 . 创造性才能：它们的性质、用途和培养 [M]. 施良方，译 . 北京：人民教育出版社，2006.

[143] 加德纳 . 创造力七次方 [M]. 洪友，李艳芳，译 . 北京：中国发展出版社，2007.

[144] 卡西尔 . 人论 [M]. 甘阳，译 . 上海：上海译文出版社，2004.

[145] 科尔伯格 . 道德发展心理学——道德阶段的本质与确证 [M]. 郭本禹，等，译 . 上海：华东师范大学出版社，2002.

[146] 克鲁尔 . 科学巨人 [M]. 崔莹，译 . 长沙：湖南科学技术出版社，2021.

[147] 李慎秀 . 大学生创造性思维水平与词语联想能力关系的实验研究 [D]. 大连：辽宁师范大学，2007.

[148] 李孝忠 . 关于青年学生创造力培养的几个心理学问题 [J]. 东北师大学报（哲学社会科学版），2000(4):77-83.

[149] 厉无畏，王慧敏 . 创意产业促进经济增长方式转变——机理 模式 路径 [J]. 中国工业经济，2006 (224): 5-13.

[150] 联合国教科文组织国际教育发展委员会 . 学会生存 [M]. 华东师范大学比较教育研究所，译 . 北京：教育科学出版社，1996.

[151] 林崇德 . 创造性人才·创造性教育·创造性学习 [J]. 中国教育学刊，2000(1):5-8.

[152] 林崇德 . 创造性人才·特征与教育·模式再构 [J]. 新华文摘，2010 (12): 29.

[153] 刘道玉 . 知识 智力 创造力：谈创造教育 [M]. 长沙：湖南教育出版社，1989.

[154] 刘先林 . 人格因素与创造力 [J]. 广西教育，1995 (6):78.

[155] 芦建英 . 对近 30 年来国内创造力研究论文的计量分析 [J]. 自然辩证法研究，2008 (6): 98-103.

[156] 鲁克成 . 创造学教程 [M]. 北京：中国建材工业出版社，1997.

[157] 罗伯特·梅逊 . 西方当代教育理论 [M]. 陆有诠，译 . 北京：文化教育出版社，1984.

[158] 罗玲玲 . 创造力理论与科技创造力 [M]. 沈阳：东北大学出版社，1998.

[159] 罗晓路 . 大学生创造力特点的研究 [J]. 心理科学，2006 (10): 168-172.

[160] 罗彦红，石文典 . 创造力与人格关系的研究评述 [J]. 心理学探新，2010a，30(2):76-78.

[161] 吕雁晴 . 艺术类大学生创造力内隐观与高校文化心理氛围的关系研究 [D]. 武汉：华中科技大学，2009:15-17.

[162] 吕玉明 . 创造力品格浅析 [J]. 中国人才，1991(5):30.

[163] 马璟，孙若飞，彭方雁 . 寓学寓教于研 培养创新人才——清华大学 SRT 计划十二年回顾与展望 [J]. 中国科教创新导刊, 2008 (14):2.

[164] 马斯洛 . 动机与人格 [M]. 许金声，程朝翔，译 . 北京 : 华夏出版社，1987.

[165] 孟凡刚 . 家长怎样培养孩子的创造力 : 可让孩子学习的 13 种创造方法 [M]. 北京 : 中央编译出版社，2003.

[166] 马延朝 . 潘光旦品格教育思想述评 [J]. 文教资料，2012(20): 92–93.

[167] 奇凯岑特米哈伊 . 创造性 : 发现和发明的心理学 [M]. 夏镇平，译 . 上海 : 上海译文出版社，2001.

[168] 沈真君，汤家骏，张晖，等 . 建构理工大学生科学创造力体系的探讨 [J]. 教育与现代化，2007 (2): 28–33.

[169] 沈致隆 . 哈佛大学《零点项目》的启示 [J]. 高等教育研究，1997 (2): 21–24.

[170] 石中英 . 创新型人才培养的哲学思考 [J]. 国家教育行政学院学报，2006 (4): 4.

[171] 叔本华 . 叔本华的智慧 : 叔本华人生哲学解读 [M]. 刘烨，编译 . 北京 : 中国电影出版社，2005.

[172] 斯迈尔斯 . 品格的力量 [M]. 刘曙光，译 . 北京 : 北京理工大学出版社，2010.

[173] 斯密克 . 世界是弯的 : 全球经济潜在的危机 [M]. 陈勇，译 . 北京 : 中信出版社，2009.

[174] 斯塔科 . 创造能力教与学 [M]. 2 版 . 刘晓陵，曾守锤，译 . 上海 : 华东师范大学出版社，2003.

[175] 斯滕伯格 . 创造力手册 [M]. 施建农，译 . 北京 : 北京理工大学出版社，2005.

[176] 斯滕伯格 . 不同凡响的创造力 [M]. 和洪兰，译 . 北京 : 中国城市出版社，2000.

[177] 孙六平 . 大学生创造力开发发展研究 [J]. 未来与发展，2011 (4): 86–89.

[178] 汤川秀树 . 创造力和直觉 [M]. 周林东，译 . 上海 : 复旦大学出版社，1987

[179] 汤婧 . 大学生情绪创造力及其与情绪智力 / 认知创造力的关系研究 [D]. 上海 : 上海师范大学，2010.

[180] 田贵华 . 美国学校品格教育研究 [D]. 武汉 : 武汉大学, 2005.

[181] 田友谊 . 西方创造力研究 20 年 : 回顾与展望 [J]. 国外社会科学, 2009 (2): 110–112.

[182] 汪姁 . 人格教育与创造性人才培养 [J]. 中国成人教育, 2008 (8): 22–23.

[183] 王灿明 . 关于大学生创造力测评的理论思考 [J]. 南通职业大学学报, 2001 (4): 8–10.

[184] 王端旭, 朱晓婧, 王紫薇 . 团队规范影响研发人员创造力的中介机制研究——以知识共享为例 [J]. 同济大学学报 (社会科学版), 2009 (4): 119–124.

[185] 王根顺, 高鸽 . 近 60 年来的创造力研究回顾 [J]. 高等理科教育, 2008 (5): 8–12.

[186] 王国轩 . 大学 [M]. 北京 : 中华书局, 2006.

[187] 王黎萤, 陈劲 . 国内外团队创造力研究述评 [J]. 研究与发展管理, 2010 (4): 62–68.

[188] 翁文艳 . 学生领导力培养的几个基本问题 [J]. 领导科学 , 2012 (14): 25–27.

[189] 翁文艳 . 学生领导力与核心价值观教育 [J]. 当代青年研究 , 2012 (5): 43–46.

[190] 吴静吉 . 国际创造力教育发展的趋势 [J]. 资优教育研究 , 2002(1):1–26.

[191] 吴明隆 . 问卷统计分析实务 : SPSS 操作与应用 [M]. 重庆 : 重庆大学出版社, 2010.

[192] 吴岩 . 领导心理学 [M]. 北京 : 中央编译出版社, 1996.

[193] 武义 . 大学生创造力的现状及影响创造力的主要人格因素 [J]. 雁北师范学院学报, 2002t, 6: 36–39.

[194] 肖川 . 主体性道德人格教育 [M]. 北京 : 北京师范大学出版社, 2002.

[195] 谢中兵 . 思维、智力、创造力理论与实践的实证探索 [M]. 北京 : 中国经济出版社, 2007.

[196] 亚里士多德 . 尼各马可伦理学 [M]. 廖申白, 译注 . 北京 : 商务印书馆, 2003.

[197] 杨晓萍 . 领导活动中创造性思维类型特征及品质培养 [J]. 党政干部论坛, 2003 (5): 37–38.

[198] 杨艳萍.大学生创新教育中一般创造力测评体系研究 [J].北京科技大学学报（社会科学版）, 2001, (2): 88–91.

[199] 俞国良，侯瑞鹤.问题意识、人格特征与教育创新中的创造力培养 [J].复旦教育论坛, 2003, 1(4): 11–15.

[200] 俞国良.创造力心理学 [M].杭州：浙江人民出版社, 1996b.

[201] 俞国良.论个性与创造力 [J].北京师范大学学报（社会科学版）, 1996a, 4: 17–18.

[202] 俞红.大学生人格发展教育研究 [D].武汉：武汉大学, 2003.

[203] 岳晓东.两岸四地大学生对创造力特征及创造力人才的认知调查 [J].心理学报, 2001, 33: 148–154.

[204] 战希臣.创造力的耗散结构及其形成机制 [J].发明与创新, 2004 (2): 45–48.

[205] 张永宁，杜金亮.创造力研究与创造性人才培养综述 [J].石油大学学报（社会科学版）, 2002, 18(6): 92–95.

[206] 张永宁，杜金亮.创造性人格培养机制探析 [J].石油大学学报（社会科学版）, 2005, 21(3): 101–104.

[207] 张智强.高校开展大学生领导力教育的分析和思考 [J].高等教育研究, 2011 (3): 4–7.

[208] 赵春梅.大学生创造力特点及其与家庭环境关系的研究 [J].社会心理科学, 2010 (4): 49–68.

[209] 赵小芳.大学生人格特征与其创造力水平关系之研究 [D].南京：东南大学, 2004.

[210] 郑富兴.现代性视角下的美国新品格教育 [M].北京：人民出版社, 2006.

[211] 中川昌彦.15 种创造力 [M].李萍，吴惠芳，译.成都：西南财经大学出版社, 2001.

[212] 中共中央办公厅 国务院办公厅. 2006—2020 年国家信息化发展战略 [R]. 2008 中国煤炭企业信息化管理高峰论坛, 2013.

[213] 中共中央马克思恩格斯列宁斯大林著作编译局. 1844 年经济学哲学手稿 [M].北京：人民出版社, 2000.

[214] 中华人民共和国国务院.国家中长期科学和技术发展规划纲要 [R]. 2006.

[215] 钟建安，段锦云．"大五"人格模型及其在工业与组织心理学中的应用 [J]．心理科学进展，2004 (4): 578– 583.

[216] 周国莉．大学生精神质 / 社会适应与创造力的关系研究 [D]．武汉：华中科技大学，2007.

[217] 周治金．大学生创造力特征的调查与分析 [J]．高等教育研究，2006 (5): 78–82.

[218] 朱克曼．科学界的精英 [M]．北京：商务印书馆，1993.

[219] 庄传姿．创造力构结的探讨 [J]．发明与革新，2000 (3): 78.

[220] 祖燕飞，祖健．开发大学生创造力的调查与思考 [J]．安徽工业大学学报（社会科学版），2010 (3): 136–137.

附　录

大学生品格素养与创造力调查表

第一部分　基本数据

1. 你所在的学校名称：[填空题]

_____

2. 您所在高校的分类 [单选题] [必答题]
 （1）部属高校
 （2）省或市属高校
 （3）民办高校
 （4）其他（请填写）_____

3. 您所属的学科 [单选题] [必答题]
 （1）人文社科类
 （2）理科
 （3）工科
 （4）医科
 （5）农科
 （6）军事科
 （7）艺术类
 （8）其他（请填写）_____

4. 您的性别 [单选题] [必答题]
 （1）男
 （2）女

5. 目前所在年级 [单选题] [必答题]

（1）大一

（2）大二

（3）大三

（4）大四

（5）硕士研究生

（6）博士研究生

（7）其他（请填写）＿＿＿＿＿＿

第二部分　品格要素对创造力的影响认知问卷

6. 你认为下述品格要素对个体创造能力的重要程度如何（1~5分别代表：很不重要、不重要、一般、重要、很重要）[矩阵量表题] [必答题]

序号	重要性程度 要素项	很不重要	不重要	一般	重要	很重要
1	关心、爱护					
2	公正、无私					
3	智慧、敏感					
4	勇敢、坚强					
5	诚实、守信					
6	主动、负责					
7	节制、理性					
8	宽容、忍耐					
9	勤奋、努力					
10	感恩、欣赏					
11	乐观、向上					
12	服务、奉献					

第三部分　创造力品格现状调查问卷

7. 以下是有关你的品格要素层面的陈述，请选择最符合你情况的选项（1~5分别代表：很不同意、不同意、一般、同意、非常同意）[矩阵量表题] [必答题]

创造力品格五分量表					
题　项	很不同意	不同意	一般	同意	非常同意
C1. 我富有爱心，是一个热心人					
C2. 我做某些事情前常要考虑别人会有何想法					
C3. 我具有同情心，能够理解别人，善于对别人的情绪做出反应					
C4. 我相信言行公正会产生或带来积极效应					
C5. 我有较广阔的视野，就事论事，较少考虑个人利害					
C6. 我在做正确的事情却遭遇不公时仍能坚持					
C7. 我精力充沛、思路敏捷					
C8. 我能迅速、灵活、正确地理解和解决事情					
C9. 我像周围大多数人那样精明能干					
C10. 我相信自己会在艰难困苦中磨炼得更好					
C11. 我有强烈的把事情完成的情绪					
C12. 面对挫折和困难我不会退缩					
C13. 我尽可能地做到总是说实话					
C14. 我喜欢公开地、直截了当地表达思想和感情					
C15. 承诺过的事情我一定要做到					
C16. 我会主动发现工作，有时也喜欢自己做主					
C17. 我总是尽力做得至少比别人所期望的要好一点					
C18. 对我来说，最重要的事情是对工作和同伴尽责					
C19. 我喜欢计划好自己的工作、学习和生活					
C20. 我不会放任自己的情绪和情感过于激动或者过于外露					
C21. 我喜欢将一切都弄得井然有序					
C22. 我能够与那些我认为做错事的人友好相处					
C23. 我可以心态平和地对待不同观点					
C24. 我是一个有民主风范的人，比如兼听则明、偏信则暗……					
C25. 周围的人认为我是一个努力和勤奋的人					
C26. 我认为成功离不开汗水和付出					
C27. 我对生活有改造的意愿和能力					
C28. 我懂得感恩，也珍视和欣赏别人的付出					
C29. 我对平凡的事物不觉得厌烦，对日常生活永感新鲜					
C30. 我了解并认识现实，持较为实际的人生观					
C31. 我相信生活会更美好					
C32. 我积极乐观，有时富有幽默感					
C33. 我喜欢以自己独立的思维方式去思考问题					
C34. 我认为服务精神是个体素质的重要构成					
C35. 我能从服务别人和奉献社会的事情中获得人生的意义					
C36. 我在参与了社会公益活动后会变得更加成熟					

第四部分　创造力测试

Part 1　思维测试

8. 与别人发生意见分歧时，你是：[单选题] [必答题]

A. 冷静地从多方面进行考虑　　B. 能略做思考　　C. 立即做出决定并付诸行动

9. 对老师、长者和领导的意见，你是：[单选题] [必答题]

A. 同自己原来的想法结合起来 B. 有些疑问和想法 C. 原封不动地接受

10. 你买东西回来后：[单选题] [必答题]

A. 想创造出一种比它更好的东西 B. 常稍作改变后再使用 C. 总是直接使用

11. 你对智力游戏：[单选题] [必答题]

A. 很喜欢 B. 无所谓 C. 不喜欢

12. 当有人向你提出没有用的建议时，你是：[单选题] [必答题]

A. 问他还有没有别的建议，鼓励他多提建议 B. 看看有没有可取之处

C. 不予理睬

13. 工作、学习有困难时，你是：[单选题] [必答题]

A. 冥思苦想 B. 请教别人 C. 放弃初衷

14. 平时你喜欢：[单选题] [必答题]

A. 玩游戏、打扑克、下围棋、下象棋 B. 看侦探小说、惊险电视或影片

C. 看滑稽有趣的闹剧，同别人聊天

15. 休息时去公园，你喜欢：[单选题] [必答题]

A. 经常变换场所 B. 听听父母与别人的意见 C. 总是去某个公园

16. 刷牙时，发现牙出血，你是：[单选题] [必答题]

A. 设法不使牙出血 B. 担心牙周炎 C. 怨牙刷不好

17. 针对眼前的东西，如铅笔、本子，你能想出它有多少种新用途：[单选题] [必答题]

A.15 个以上 B.8 个以上 C.3 个以上

Part 2 倾向测试

18. 在做事、观察事物和听人说话时，你能专心致志。（ ）是（ ）否

19. 你说话、写文章时经常用类比的方法。（ ）是（ ）否

20. 能全神贯注地读书、书写和绘画。（ ）是（ ）否

21. 完成了老师布置的作业（或某项工作）后，你总有一种兴奋感。（ ）是（ ）否

22. 不迷信权威。（ ）是（ ）否

23. 喜欢寻找事物的各种原因。（ ）是（ ）否

24. 观察事物向来都很精细。（ ）是（ ）否

25. 常从别人的谈话中发现问题。（ ）是（ ）否

26. 在进行带有创造性的工作时，经常忘记时间。（ ）是（ ）否

27. 能主动发现一些问题，并发现和问题有关的各种联系。（ ）是（ ）否

28. 平时差不多都在学习或琢磨问题。（ ）是（ ）否

29. 总对周围的事物保持好奇心。（ ）是（ ）否

20. 对某一些问题有新发现时，总是感到异常兴奋。（ ）是（ ）否

31. 通常，对事物能预测其结果，并能正确地验证这一结果。（ ）是（ ）否

32. 平常遇到困难和挫折，从不气馁。（ ）是（ ）否

33. 经常思考事物的新答案和新结果。（ ）是（ ）否

34. 你有很敏锐的观察力和提出问题的能力。（ ）是（ ）否

35. 在解题或研究课题时，常采用自己独特的方法。（ ）是（ ）否

36. 遇到问题，能从多方面来探索解决它的可能性，而不是固定在一种思路上或局限在某一方面。（ ）是（ ）否

37. 总是有些新设想在脑子里涌现，即使在游玩时也常能产生新的设想。（ ）是（ ）否

第五部分　其他背景描述

38. 你认为自己品行的影响因素主要来自哪些方面，请按照其重要性排序 [排序题，请在中括号内依次填入数字] [必答题]

[ ]遗传　 [ ]家庭影响与教育　 [ ]学校教育　 [ ]社会影响　 [ ]其他

39. 你认为对你的做人影响最大的人是 [单选题] [必答题]

（1）老师　（2）家人　（3）同学　（4）其他（请填写）_____

40. 求学生涯中有无社会活动经验 [多选题] [必答题]

（1）担任过学生干部　（2）参与过学生社团　（3）有过打工经历

（4）参与过社会公益活动　（5）其他社会活动

41. 你认为高校对学生的教育应该体现在哪些方面，按重要性排序 [排序题，请在中括号内依次填入数字] [必答题]

[ ]启迪智慧 [ ]陶冶情操 [ ]提升能力 [ ]谋生手段 [ ]养成习惯

42. 你认为当今高校教育对大学生品格影响中的不利因素有哪些 [多选题] [必答题]

（1）市场为主导，教育目标上对品格的轻视

（2）部分高校风气不佳，环境影响上的负面因素

（3）大学缺少自己的风格，学生的品格也随波逐流

（4）生活压力的传导，学生价值追求表现得更为务实

（5）其他（请填写）_____

43. 大学期间取得的成绩（或成就），主要体现在 [不定项选择][必答题]

A. 相对于周围的同学，我在学习上成绩突出

B. 相对于周围的同学，我在科技竞赛类活动中的成果突出

C. 相对于周围的同学，我在社会活动方面表现突出

D. 相对于周围的同学，我在文艺或体育类活动中成绩突出

E. 相对于周围的同学，我在游戏类活动中有优势

F. 其他

44. 你认为自己的创造力成就（已经取得或将会取得的成就）主要会落实在下面哪一个或哪几个智能领域 [不定项选择][必答题]

A. 语言文字智能领域：指人们对语言文字的掌握、运用、表现能力。这种能力在诗人、作家和演说家身上表现得最为突出。

B. 数学逻辑智能领域：指数学思维和逻辑推理、科学分析的能力。

C. 空间视觉智能领域：指在脑中形成一个外部空间世界的模式，并能够运用和操作这种模式的能力。水手、工程师、外科医生、雕刻家、画家等都是具有高度发达的空间智能的例子。

D. 身体运动智能领域：指运用整个身体或身体的一部分解决问题或制造产品的能力。舞蹈家、体育运动员、外科医生、手工艺大师在这方面有突出的表现。

E. 音乐旋律智能领域：从事音乐创作、演奏和其他舞台表演的人，通常在这方面比较突出。

F. 人际关系智能领域：指理解他人的能力。教育家、心理医生、政治家、推销员、经纪人等具有这方面的长处。

G. 自我认知智能领域：这是一种深入自己内心世界、了解自己的感情生活、辨别自己的情绪变化、体验自己精神活动的能力，即建立准确而又真实的自我模式，并在实际生活中有效地运用这一模式的能力。由于这种智能的隐形性，如果观察者想探知的话，需要有来自语言、音乐或者其他显性智能的证据。一般来说，文学家、哲学家、心理学家、神学家、音乐家都是便于显现自己的自我认知智能的人。

H. 自然探索智能领域：如达尔文等人的发现自然的能力就是一个代表。

I. 数码和信息智能领域：对现代信息技术敏感，喜欢先进机械和设备及其应用与维护；或者对信息数据敏感，拥有优秀的信息搜索和加工能力。"极客"文化是其代表之一，热衷于体验新数码产品或帮他人修理电脑及其他数码设备的人也是其典型。

J. 其他智能领域 _____

45. 以下是有关你的情形陈述，请选择最符合你情况的选项（1~5 分别代表：很不符合、不符合、一般、符合、很符合）[矩阵量表题] [必答题]

环境影响量表

	很不符合	不符合	一般	符合	很符合
所在家庭氛围相对开明和包容					
所在学校氛围相对宽松和自由					
所在学校的学习风气积极					
所在学校的创新氛围浓厚					
周围的人大多数积极进取					
成长道路上能够遇到大师级的人物					
社会氛围鼓励发明和创新					
政策与制度鼓励和支持创新					

46. 非常感谢您参与此次调查，请留下您的宝贵意见，谢谢！[填空题]

_____

_____

_____

_____